Digital Chinese

Digital Chinese integrates situational and communicative methods to provide practical language skills and a deep understanding of the digital world.

Digital Chinese is a pioneering textbook designed to meet the dual needs of Chinese language proficiency and digital literacy. Each of the ten chapters focuses on a specific theme, from social media and online shopping to AI chatbots, reflecting the most engaging aspects of contemporary Chinese digital life. Each lesson features a narrative and a dialogue that simulate real-life interactions, accompanied by vocabulary lists covering specialized digital terms and everyday words. The textbook also includes audio recordings (www.routledge.com/9781032863818) to aid pronunciation and listening comprehension. Grammatical points are clearly explained with examples, and exercises in reading, speaking, writing, and translation reinforce language acquisition.

Tailored for Chinese learners at the intermediate-high level and above, this textbook equips students with the tools to navigate and engage with China's vibrant online ecosystem. By combining traditional Chinese language education with insights into China's dynamic digital landscape, *Digital Chinese* is an essential resource for students and educators seeking to understand the intersection of language, technology, and society in contemporary China.

Feng Lan is Associate Professor of Chinese Language and Literature at the Florida State University. His research interests include digital Chinese humanities, modern Chinese literature, Chinese cinema, and Chinese–English translation studies. He has published extensively in both Chinese and English in these fields.

Tong Chen is Lecturer of Chinese at MIT. He has also served as the lead teacher at Middlebury College's Summer Chinese School. As an author and editor of many Chinese textbooks, his fields of interest include multimedia in Chinese language education, second language acquisition, sociolinguistics, and curriculum design.

Digital Chinese
数字化语境中学中文

Feng Lan and Tong Chen

LONDON AND NEW YORK

Designed cover image: Govan Zhang via Getty Images

First published 2025
by Routledge
4 Park Square, Milton Park, Abingdon, Oxon OX14 4RN

and by Routledge
605 Third Avenue, New York, NY 10158

Routledge is an imprint of the Taylor & Francis Group, an informa business

© 2025 Feng Lan and Tong Chen

The right of Feng Lan and Tong Chen to be identified as authors of this work has been asserted in accordance with sections 77 and 78 of the Copyright, Designs and Patents Act 1988.

All rights reserved. No part of this book may be reprinted or reproduced or utilised in any form or by any electronic, mechanical, or other means, now known or hereafter invented, including photocopying and recording, or in any information storage or retrieval system, without permission in writing from the publishers.

Trademark notice: Product or corporate names may be trademarks or registered trademarks, and are used only for identification and explanation without intent to infringe.

British Library Cataloguing-in-Publication Data
A catalogue record for this book is available from the British Library

ISBN: 978-1-032-86382-5 (hbk)
ISBN: 978-1-032-86381-8 (pbk)
ISBN: 978-1-003-52729-9 (ebk)

DOI: 10.4324/9781003527299

Typeset in Times New Roman
by codeMantra

Access the Support Material: www.routledge.com/9781032863818

Contents

Abbreviations of Grammatical Terms — vi

    Introduction — 1

1. Typing Chinese on Computers 电脑打中文 — 4
2. Email 电子邮件 — 16
3. Smartphones 智能手机 — 30
4. Social Media 社交媒体 — 43
5. Machine Translation 机器翻译 — 55
6. E-Commerce 电子商务 — 67
7. Internet Literature 网络文学 — 80
8. AI Chatbot 人工智能聊天机器人 — 93
9. Online Videos 网络视频 — 105
10. Online Gaming 网络游戏 — 117

Vocabulary Index — *131*

Abbreviations of Grammatical Terms

A	Adjective
AP	Adjective phrase
Adv	Adverb
AdvP	Adverbial phrase
C	Complement
Conj	Conjunction
IE	Idiomatic expression
Int	Interjection
M	Measure word
N	Noun
NP	Noun phrase
O	Object
PN	Proper noun
Pr	Pronoun
Prep	Preposition
QPr	Question pronoun
S	Subject
V	Verb
VC	Verb plus complement
VO	Verb plus object
VP	Verb phrase

Introduction

The digital age has reshaped how we learn, work, and communicate across the globe. China stands as a prime example, where rapid adoption and innovation of digital technologies have fundamentally altered Chinese society. This transformation presents a new challenge for Chinese language learners: proficiency in the language alone is no longer sufficient; they must also develop digital literacy to effectively understand and navigate China's vibrant online ecosystem. *Digital Chinese* is a unique textbook that addresses this dual need.

This textbook is designed for Chinese learners at the intermediate-high level and above, whether they are students or self-learners with three to four semesters of Chinese experience. Motivated by a passion for Chinese culture and economy, learners at this stage are ready to expand their horizons. *Digital Chinese* goes beyond traditional language instruction. It equips students with tools not only to further develop their Chinese language skills but also to unlock the gateway for exploring China's ever-evolving digital world and gaining insights into the dynamic changes of Chinese society in the digital era.

In terms of pedagogical approaches, *Digital Chinese* integrates situational and communicative methods to curate its content. Emphasizing context-specific learning, the textbook enables students to master Chinese language resources tailored for distinct situations and themes encountered within the digital realm. At the same time, it helps students to develop practical communication skills necessary for engaging in everyday digital interactions, focusing on fostering their ability to converse and exchange information fluently in various common digital settings.

Components and Structure

Digital Chinese is crafted as a one-semester, single-volume textbook with ten lessons, each centering around a specific theme about the Chinese digital world. These topics are carefully chosen and presented so that they reflect the most engaging and relevant aspects of the Chinese digital life. Each aspect is designed to inspire, engage, and connect with students' interests and experiences.

Each lesson features two paired texts that present language elements in natural settings and practical situations. The first text is a concise narrative introducing a specific digital phenomenon that serves as the focal point of the lesson. This narrative not only elucidates key concepts but also weaves in historical and cultural contexts and real-world applications. The second text is a short situational dialogue that directly relates to the digital theme of the lesson. This dialogue is designed to simulate real-life interactions, offering students practical examples of how the topic manifests in everyday conversations.

Both texts are accompanied by vocabulary lists that cover not only specialized terms frequently used in digital contexts but also everyday words that may be unfamiliar to intermediate-level students. Both simplified and traditional characters are provided for each entry, except where the characters are identical. In addition, *Digital Chinese* features a rich collection of proper nouns, including names of IT companies, digital apps and products, and online platforms, which are crucial for navigating China's digital landscape. These proper nouns are grouped together in each text's vocabulary list, allowing students to learn them in context. Since URLs for online resources can change frequently, we have chosen not to include them in the textbook. This encourages students to take a proactive approach to their learning by searching for current websites associated with the proper nouns they encounter in the texts.

Each lesson's texts are enhanced with pinyin versions and audio recordings. The pinyin texts, located at the end of each lesson, serve as an optional reference to guide students in the correct pronunciation and contextual reading of Chinese characters. Students are encouraged to use the audio recordings to learn oral skills from native Chinese speakers and to improve their listening comprehension.

In each lesson, the key grammatical elements within the two texts are identified with numerical markers for easy reference. These marked grammatical points are then comprehensively detailed in the following section of Terms and Sentence Patterns. For each point, an English explanation is provided, focusing on its function and usage. To reinforce understanding, two illustrative Chinese sentences are presented for each grammatical or lexical item. These sample sentences are accompanied by pinyin transcriptions and English translations, ensuring a thorough grasp of the grammatical structures and a deeper understanding and practical application in various linguistic scenarios.

Each lesson in the textbook offers a suite of integrated exercises, encompassing reading comprehension, speaking, writing, and translation. Students are encouraged to answer questions based on the texts, an exercise that can be performed either orally or in writing, to solidify their grasp of the topic. To reinforce vocabulary acquisition, each lesson includes segments on verb collocation and fill-in-the-blank activities, specifically targeting the major vocabulary presented in the texts. Furthermore, oral drills focused on completing dialogues are incorporated, offering students the opportunity to apply the grammatical elements they have learned in meaningful, contextualized scenarios.

Translation exercises are also a key component of each lesson. Such exercises challenge students to bridge the linguistic gap between Chinese and their native tongue, thereby augmenting their bilingual capabilities. Moreover, a distinctive feature of the textbook is the inclusion of a hands-on project within each lesson thematically related to the lesson's digital topic. Students are tasked with writing a short composition or report in Chinese, based on their digital experiences or insights gained from this project. This task-based approach not only reinforces language skills but also encourages practical application and deeper engagement with the digital topic at hand. The exercise section concludes with a list of questions intended to stimulate critical thinking and analytical skills and serve as the springboard for class discussions.

Acknowledgments

The development of *Digital Chinese* would not have been possible without the dedication of several individuals. Our sincere gratitude goes to Min Wan for her exceptional audio recordings, a valuable tool for honing listening and pronunciation skills. We are also deeply grateful to Fu Chenlian for her lovely illustrations that enhance the textbook's visual appeal and educational value, as well as to Lan Gang for his contributions to the illustrations' design. We extend our appreciation to the anonymous reviewers for their insightful feedback and suggestions. Finally, our thanks go to editors Andrea Hartill and Iola Ashby for their unwavering support and guidance throughout this project.

第一课　电脑打中文

课文一

在二十世纪以前，中国人主要用毛笔写汉字。后来，随着[1]历史的发展，写汉字的工具慢慢地变成了铅笔、钢笔，但仍然[2]离不开手写。

到了数字化时代，电脑中文输入法成了写中文的主要方式。我们只需点击键盘，就能在电脑屏幕上又快又容易地输入中文。我们不仅[3]可以在电脑上使用中文输入法，也可以在手机、平板等移动设备上使用。

现在常用的中文输入法有拼音输入法、五笔输入法、手写输入法和语音输入法。拼音输入法是根据[4]汉字的拼音来输入汉字，简单易学，适合大多数用户使用。五笔输入法是根据汉字的笔画和结构来输入汉字，输入更快，可是学起来有点难，适合对汉字结构有一定的[5]了解的用户使用。手写输入法让用户在屏幕上写字，而语音输入法让人们可以用说话的方式来输入汉字，又快又方便。后两种输入法更适合用在移动设备上。

无论是在我们的学习、工作还是日常生活中，中文输入法都发挥着重要的作用。在数字化时代，中文输入法已成为沟通汉字和现代生活的重要工具。

VOCABULARY

1.	打中文		dǎ Zhōngwén	VO	to type Chinese
2.	世纪	世紀	shìjì	N	century
3.	主要		zhǔyào	A	main
4.	随着	隨著	suízhe	Prep	along with; as a result of
5.	发展	發展	fāzhǎn	N/V	development; to develop
6.	工具		gōngjù	N	tool
7.	变成	變成	biàn chéng	VC	to become
8.	仍然		réngrán	Adv	still; as usual; as before
9.	数字化	數字化	shùzìhuà	A/V	digital; to digitize
10.	时代	時代	shídài	N	age; era; epoch
11.	输入法	輸入法	shūrùfǎ	N	input method
12.	方式		fāngshì	N	way; mode
13.	点击	點擊	diǎnjī	V	to press; to click
14.	键盘	鍵盤	jiànpán	N	keyboard
15.	屏幕		píngmù	N	screen

(continued)

16.	使用		shǐyòng	V	to use; to utilize
17.	平板		píngbǎn	N	tablet computer
18.	移动	移動	yídòng	A/V	mobile; to move
19.	设备	設備	shèbèi	N	device; equipment
20.	五笔	五筆	wǔ bǐ	NP	five strokes
21.	语音	語音	yǔyīn	N	voice
22.	根据	根據	gēnjù	Prep	according to; based on
23.	适合	適合	shìhé	A/V	suitable; to fit; to be appropriate for
24.	大多数	大多數	dàduōshù	A/N	most; majority
25.	用户		yònghù	N	user; subscriber; customer
26.	笔画	筆劃	bǐhuà	N	strokes of a Chinese character
27.	结构	結構	jiégòu	N	structure; composition
28.	一定		yídìng	A	certain
29.	了解	瞭解	liáojiě	N/V	understanding; to understand
30.	日常		rìcháng	A	everyday; daily
31.	发挥作用	發揮作用	fāhuī zuòyòng	VO	to play a role
32	重要		zhòngyào	A	important
33.	沟通	溝通	gōutōng	N/V	communication; to connect
34.	现代	現代	xiàndài	A/N	modern; modern times

课文二

王钢: 凯伦,这是你新买的联想电脑吗?真酷!
凯伦: 没错儿,刚买的。对了,正[6]想请你教我在电脑上打中文呢。
王钢: 没问题。你得先安装中文字体和中文输入法。
凯伦: 怎么安装呢?
王钢: 很简单。你点击电脑左下角的"开始",然后选择"设置"。在设置中找到"时间和语言",再点击"语言"。在语言选项里,点击"添加语言",然后找到并[7]选择"中文(简体)",系统就会下载并安装中文字体和输入法了。
凯伦: 我已经添加中文了。那现在怎么打中文呢?
王钢: 任务栏的右下角有一个输入法图标,点击它就可以切换输入法。如果你看到的是"ENG",那么你就是正在用英文输入,这时你可以点击图标切换到中文输入并选择拼音输入法。

凯伦： 我看到了，已经切换到中文输入法了。现在做什么？
王钢： 打开你的MS Word，然后输入中文拼音，输入法的菜单会显示你需要的字。
凯伦： 太好了，谢谢。

VOCABULARY

1.	安装		ānzhuāng	V	to install
2.	字体	字體	zìtǐ	N	font
3.	角		jiǎo	N	corner
4.	选择	選擇	xuǎnzé	N/V	selection; choice; to select; to choose
5.	设置	設置	shèzhì	N/V	settings; to set up; to install
6.	选项	選項	xuǎnxiàng	N	option
7.	添加		tiānjiā	V	to add
8.	并	並	bìng	Conj	and
9.	简体	簡體	jiǎntǐ	N	simplified Chinese characters
10.	系统	系統	xìtǒng	N	system
11.	下载	下載	xiàzǎi	V	to download
12.	任务栏	任務欄	rènwù lán	N	taskbar
13.	图标	圖標	túbiāo	N	icon
14	切换		qiēhuàn	V	to switch
15.	打开	打開	dǎkāi	V	to open; to turn on
16.	显示	顯示	xiǎnshì	V	to display; to show

Proper Nouns

1.	王钢	王鋼	Wáng Gāng	Wang Gang (Chinese university student)
2.	凯伦	凱倫	Kǎilún	Karen (American student studying abroad in China)
3.	联想	聯想	Liánxiǎng	Lenovo (Chinese computer technology company)

词语与句型

1. 随着 (along with; as a result of)

The preposition 随着 introduces a process or condition, indicating that the event described in the sentence happens concurrently with or as a result of another event or condition.

1. 随着经济的增长,人们的生活水平有了很大的提高。
   Suízhe jīngjì de zēngzhǎng, rénmen de shēnghuó shuǐpíng yǒu le hěn dà de tígāo.
   (As the economy grew, people's living standards were greatly improved.)
2. 随着科技的进步,我们的生活变得越来越方便。
   Suízhe kējì de jìnbù, wǒmen de shēnghuó biàn de yuè lái yuè fāngbiàn.
   (With the advancement of science and technology, our lives have become increasingly convenient.)

2. 仍然 (still; nevertheless)

The adverb 仍然 emphasizes the continuation of a state or action despite changing circumstances.

1. 尽管外面在下雨,我们仍然决定去游泳。
   Jǐn'guǎn wàimiàn zài xiàyǔ, wǒmen réngrán juédìng qù yóuyǒng.
   (Despite the rain outside, we still decided to go swimming.)
2. 他虽然已经退休了,但仍然保持着每天读书的习惯。
   Tā suīrán yǐjīng tuìxiū le, dàn réngrán bǎochí zhe měi tiān dúshū de xíguàn.
   (Although he has retired, he still keeps the habit of reading every day.)

3. 不仅…也/还 (not only … but also)

This structure is used to connect two clauses, stressing that both statements apply to the subject.

1. 这家餐厅不仅饭菜可口,环境也十分舒适。
   Zhè jiā cāntīng bùjǐn fàn cài kěkǒu, huánjìng yě shífēn shūshì.

(This restaurant not only offers delicious food but also has a very comfortable environment.)

2. 王钢不仅帮大卫学中文，还帮他修电脑。

   Wáng Gāng bùjǐn bāng Dàwèi xué Zhōngwén, hái bāng tā xiū diànnǎo.

   (Wang Gang not only helped David to learn Chinese, but also helped him to repair his computer.)

4. 根据 (according to; based on)

The preposition 根据 is commonly used to introduce a basis or a standard on which a statement is made, or an action is taken.

1. 根据今天的天气预报，这个地区明天会下大雨。

   Gēnjù jīntiān de tiānqì yùbào, zhè ge dìqū míngtiān huì xià dàyǔ.

   (According to today's weather forecast, it will rain heavily in this area tomorrow.)

2. 根据老师的建议，大卫修改了他的课堂报告。

   Gēnjù lǎoshī de jiànyì, Dàwèi xiūgǎi le tā de kètáng bàogào.

   (Based on the teacher's suggestions, David revised his class presentation.)

5. 一定的 (a certain degree of; a particular level of)

The adjective phrase 一定的 is used to modify a noun, suggesting a specific, though not quantified, degree or level of something in the mentioned case.

1. 完成这个项目需要一定的专业知识。

   Wánchéng zhè ge xiàngmù xūyào yídìng de zhuānyè zhīshi.

   (It requires a certain level of professional knowledge to complete this project.)

2. 王钢对这个话题确实有一定的见解。

   Wáng Gāng duì zhè ge huàtí quèshí yǒu yídìng de jiànjiě.

   (Wang Gang does have some insights into this topic.)

6. 正+V

When used to modify a verb, the adverb 正 indicates that an action is currently occurring, emphasizing a sense of immediacy.

1. 我正要去上班，突然下起了大雨。
   Wǒ zhèng yào qù shàng bān, tūrán xià qǐ le dà yǔ.
   (I was going to work when it suddenly started raining heavily.)
2. 我正想问你一个问题，你就打电话来了。真是太巧了！
   Wǒ zhèng xiǎng wèn nǐ yí gè wèntí, nǐ jiù dǎ diànhuà lái le. Zhēn shi tài qiǎo le!
   (I was just about to ask you a question when you called me. What a coincidence!)

7. 并 (and)

The conjunction 并 is used to connect two actions, implying that the actions are being done in sequence or together.

1. 他们在会议上讨论并通过了今年的工作计划。
   Tāmen zài huìyì shàng tǎolùn bìng tōngguò le jīnnián de gōngzuò jìhuà.
   (They discussed and approved this year's work plan at the meeting.)
2. 请你把这份报告打印出来，并交给经理。
   Qǐng nǐ bǎ zhè fèn bàogào dǎyìn chūlái, bìng jiāo gěi jīnglǐ.
   (Please print out this report and give it to the manager.)

练习

一、回答课文问题 (Answer Questions Based on the Texts)

课文一

1. 二十世纪以前的中国人主要用什么工具写汉字？
2. 在数字化时代，写中文的主要方式是什么？
3. 跟手写中文相比，电脑中文输入法有哪些好处？
4. 拼音输入法是怎样输入汉字的？
5. 五笔输入法是怎样工作的，适合哪种用户使用？
6. 手写输入法和语音输入法更适合在哪种设备上使用？
7. 中文输入法在我们的生活和工作中起到了什么作用？

课文二

1. 凯伦想请王钢教她做什么?
2. 要在电脑上打中文,需要先安装什么?
3. 怎样安装中文字体和中文输入法?
4. 添加中文以后,怎样在任务栏切换输入法?
5. 切换到中文输入法后,怎样打出中文呢?

二、动词搭配 (Match Each Word with the Most Appropriate Verb)

打开　　点击　　显示　　使用　　选择
适合　　安装　　输入　　发挥　　添加

1. _____毛笔
2. _____软件
3. _____电视
4. _____作用
5. _____时间
6. _____图标
7. _____拼音
8. _____工作
9. _____好友
10. _____新用户

三、选词填空 (Fill in Each Blank with the Most Appropriate Word)

工具　　现代　　变成　　日常　　数字

1. 在_____化时代,电脑已经_____我们_____生活中离不开的东西。无论是在学习还是工作中,我们都需要使用电脑。它让我们能更方便地获取信息,成为人们相互沟通的重要_____。总之,电脑在_____社会中发挥着越来越重要的作用。

键盘　　移动　　主要　　拼音　　任务

2. 拼音输入法是用电脑输入中文的一种_____方式,很容易学,是打中文的好工具。用户先在_____栏找到输入法菜单并选择中文输入法，然后通过_____在屏幕上打出汉字的_____，就能选择需要的汉字。另外，拼音输入法不仅可以在电脑上使用，也可以在手机等_____设备上使用。

四、完成对话 (Complete the Dialogues)

1. A: 你有没有注意到，现在街上的电动汽车越来越多了。
   B: 是啊，_____。
   　　（随着）

2. A: 我记得你小时候喜欢吃甜食，现在还喜欢吗？
   B: 是的，我_____。
   　　（仍然）

3. A: 好长时间没看见你了。你在忙什么？
   B: 我最近_____。
   　　（不仅…也/还）

4. A: 下学期我就上大三了。你觉得我下学期应该选什么课？
   B: _____。
   　　（根据）

5. A: 听说五笔输入法打中文很快，不知道难不难学？
   B: 不太容易学，需要_____。
   　　（一定的）

6. A: 这个周末我和几个同学要去长城玩儿，你有没有兴趣一起去？
   B: 我_____，可能参加不了了。
   　　（正+V）

7. A: 你上周末好像挺忙的，都做什么了？
   B: 我看了一场电影，_____。
   　　（并）

五、用所给词语英译中 (Translate the Sentences into Chinese with the Given Words)

1. Chinese handwriting input method is more suitable for use on tablet computers. (适合)
2. This English–Chinese dictionary has played a significant role in his English studies. (发挥⋯作用)
3. You should first download and install Chinese fonts and Chinese input methods on your computer. (下载；安装)
4. If you are using English input methods, you can click the input method icon on the taskbar to switch to Chinese input methods. (点击；切换)
5. In the digital age, cell phones are indispensable tools in our everyday lives. (离不开)

六、小作文 (Short Composition)

Download and install Chinese fonts and Chinese input methods onto your computer. Then write a short Chinese composition of about 100 characters to describe how you type Chinese characters. Use the words and sentence patterns learned in this lesson.

七、问题与思考 (Questions and Reflections)

1. 课文中提到的几种中文输入法，哪一种对你最有用？为什么？
2. 对于用电脑打中文有两种不同的看法。一种看法认为，如果学生过分依赖电脑，只会用电脑打中文，那会对他们学习中文不利，而且那也会使中文失去一些传统中的好东西，比如书法。你同意这种看法吗？为什么？
3. 另一种看法则认为，电脑打中文是历史的进步。而且，用电脑打中文使学习中文更容易，这对中文的发展有好处。你觉得呢？为什么？

Pinyin Texts

Kèwén yī

Zài èrshí shìjì yǐqián, Zhōngguó rén zhǔyào yòng máobǐ xiě hànzì. Hòulái, suízhe lìshǐ de fāzhǎn, xiě hànzì de gōngjù màn màn de biàn chéng le qiānbǐ, gāngbǐ, dàn réngrán lí bù kāi shǒu xiě.

Dào le shùzìhuà shídài, diànnǎo Zhōngwén shūrùfǎ chéng le xiě Zhōngwén de zhǔyào fāngshì. Wǒmen zhǐ xū diǎnjī jiànpán, jiù néng zài diànnǎo píngmù shàng yòu kuài yòu róngyì de shūrù Zhōngwén. Wǒmen bùjǐn kěyǐ zài diànnǎo shàng shǐyòng Zhōngwén shūrùfǎ, yě kěyǐ zài shǒujī, píngbǎn děng yídòng shèbèi shàng shǐyòng.

Xiànzài cháng yòng de Zhōngwén shūrùfǎ yǒu pīnyīn shūrùfǎ, wǔbǐ shūrùfǎ, shǒu xiě shūrùfǎ hé yǔyīn shūrùfǎ. Pīnyīn shūrùfǎ shì gēnjù hànzì de pīnyīn lái shūrù hànzì, jiǎndān yì xué, shìhé dàduōshù yònghù shǐyòng. Wǔbǐ shūrùfǎ shì gēnjù hànzì de bǐhuà hé jiégòu lái shūrù hànzì, shūrù gèng kuài, kěshì xué qǐlái yǒu diǎn nán, shìhé duì hànzì jiégòu yǒu yídìng de liǎojiě de yònghù shǐyòng. Shǒu xiě shūrùfǎ ràng yònghù zài píngmù shàng xiě zì, ér yǔyīn shūrùfǎ ràng rénmen kěyǐ yòng shuōhuà de fāngshì lái shūrù hànzì, yòu kuài yòu fāngbiàn. Hòu liǎng zhǒng shūrùfǎ gèng shìhé yòng zài yídòng shèbèi shàng.

Wúlùn shì zài wǒmen de xuéxí, gōngzuò háishì rìcháng shēnghuó zhōng, Zhōngwén shūrùfǎ dōu fāhuī zhe zhòngyào de zuòyòng. Zài shùzìhuà shídài, Zhōngwén shūrùfǎ yǐ chéngwéi gōutōng hànzì hé xiàndài shēnghuó de zhòngyào gōngjù.

Kèwén èr

Wáng Gāng:	Kǎilún, zhè shì nǐ xīn mǎi de Liánxiǎng diànnǎo ma? Zhēn kù!
Kǎilún:	Méi cuòr, gāng mǎi de. Duì le, zhèng xiǎng qǐng nǐ jiāo wǒ zài diànnǎo shàng dǎ Zhōngwén ne.
Wáng Gāng:	Méi wèntí. Nǐ děi xiān ānzhuāng Zhōngwén zìtǐ hé Zhōngwén shūrùfǎ.
Kǎilún:	Zěnme ānzhuāng ne?
Wáng Gāng:	Hěn jiǎndān. Nǐ diǎnjī diànnǎo zuǒ xià jiǎo de "kāishǐ", ránhòu xuǎnzé "shèzhì". Zài shèzhì zhōng zhǎo dào "shíjiān hé yǔyán", zài diǎnjī "yǔyán". Zài yǔyán xuǎnxiàng lǐ, diǎnjī "tiānjiā yǔyán", ránhòu zhǎo dào bìng xuǎnzé "Zhōngwén (jiǎntǐ)", xìtǒng jiù huì xiàzài bìng ānzhuāng Zhōngwén zìtǐ hé shūrùfǎ le.
Kǎilún:	Wǒ yǐjīng tiānjiā Zhōngwén le. Nà xiànzài zěnme dǎ Zhōngwén ne?
Wáng Gāng:	Rènwù lán de yòu xià jiǎo yǒu yí gè shūrùfǎ túbiāo, diǎnjī tā jiù kěyǐ qiēhuàn shūrùfǎ. Rúguǒ nǐ kàn dào de shì "ENG", nàme nǐ jiùshì zhèngzài yòng Yīngwén shūrù, zhè shí nǐ kěyǐ diǎnjī túbiāo qiēhuàn dào Zhōngwén shūrù bìng xuǎnzé pīnyīn shūrùfǎ.
Kǎilún:	Wǒ kàn dào le, yǐjīng qiēhuàn dào Zhōngwén shūrùfǎ le. Xiànzài zuò shénme?
Wáng Gāng:	Dǎkāi nǐ de MS Word, ránhòu shūrù Zhōngwén pīnyīn, shūrùfǎ de càidān huì xiǎnshì nǐ xūyào de zì.
Kǎilún:	Tài hǎo le, xièxiè!

第二课　电子邮件

课文一

大卫，你好！

很高兴回答你有关[1]在中国使用电子邮件的问题。

跟其他国家一样[2]，在中国，电子邮件也是人们常常使用的一种联系方法。无论[3]在工作中还是跟亲友联系，我们都常用电子邮件。中国的公司和政府机构也广泛使用电子邮件来处理事务。

你在电邮中问到了美国几大电子邮箱在中国的情况。据我所知[4]，虽然谷歌邮箱和雅虎邮箱在中国的使用受到限制，但是中国用户是可以使用微软的Outlook邮箱的。

其实，中国有多家本土的大型IT公司也提供优质的电子邮箱服务，包括[5]网易163邮箱、QQ邮箱、新浪邮箱和搜狐邮箱。其中[6]163邮箱和QQ邮箱在中国最受欢迎，各自的用户都高达数亿。

以上这些邮箱都为用户提供免费的或者付费的电子邮箱账户。免费账户提供基本的邮箱服务，特别适合学生使用。我现在就在用免费的163邮箱向你介绍这些情况。中国的用户只要[7]用真实姓名注册一个账户，然后用手机号码验证，就能有一个免费的或者付费的电子邮箱了。

以上就是我对中国电子邮件现状的解释，希望能对你有帮助。

祝好！

王钢

VOCABULARY

1.	电子邮件	電子郵件	diànzǐ yóujiàn	NP	email
2.	回答	回答	huídá	N/V	answer; to answer
3.	有关	有關	yǒuguān	A	related to; concerning
4.	联系	聯繫	liánxì	N/V	contact; to contact
5.	政府		zhèngfǔ	N	government
6.	机构	機構	jīgòu	N	institution; organization
7.	广泛	廣泛	guǎngfàn	A/Adv	widespread; extensive; widely
8.	处理	處理	chǔlǐ	V	to deal with
9.	事务	事務	shìwù	N	matters; affairs
10.	邮箱	郵箱	yóuxiāng	N	mailbox
11.	情况	情況	qíngkuàng	N	situation
12.	据我所知	據我所知	jù wǒ suǒ zhī	IE	according to my knowledge
13.	受到		shòu dào	VC	to receive

(continued)

14.	限制		xiànzhì	N/V	limit; to limit
15.	本土		běntǔ	N	local
16.	大型		dàxíng	A	large; large scale
17.	提供		tígōng	V	to provide
18.	优质	優質	yōuzhì	A	of excellent quality
19.	服务	服務	fúwù	N/V	service; to serve
20.	包括		bāokuò	V	to include
21.	高达	高達	gāo dá	VP	to be up to
22.	数亿	數億	shù yì	NP	several hundred million
23.	以上		yǐshàng	Adv	above
24.	付费	付費	fùfèi	A/V	paid; to pay
25.	账户	賬戶	zhànghù	N	account
26.	基本		jīběn	A	basic
27.	真实	真實	zhēnshí	A	real; true
28.	注册	註冊	zhùcè	V	to register
29.	验证	驗證	yànzhèng	V	to verify
30.	现状	現狀	xiànzhuàng	N	current situation
31.	解释	解釋	jiěshì	N/V	explanation; to explain
Proper Nouns					
1.	大卫	大衛	Dàwèi		David (Canadian student planning to study in China)
2.	谷歌		Gǔgē		Google
3.	雅虎		Yǎhǔ		Yahoo
4.	微软	微軟	Wēiruǎn		Microsoft
5.	网易	網易	Wǎngyì		NetEase (Chinese internet technology company)
6.	新浪		Xīnlàng		Sina (Chinese internet technology company)
7.	搜狐		Sōuhú		Sohu (Chinese internet technology company)

课文二

凯伦： 王钢，我刚来中国，常常需要用电子邮件跟别人联系。你觉得我写邮件时有什么要注意的吗？

王钢： 嗯，首先，邮件开头要用礼貌用语，比如叫"张女士"或"王经理"。

凯伦： 哦，我们写英文邮件开头常说"Hi"，或什么也不说，直接就开始。

王钢： 还有，邮件的最后要致以问候，如，"祝好！"、"祝你一切顺利！"等。

凯伦： 跟英文邮件差不多，我们最后会说"Sincerely"或"Best"。

王钢： 还有，邮件里尽量别说"不行"，因为这样会让对方觉得不好意思，没面子。

凯伦: 挺有意思的!我们通常会直说"行"或"不行"。谢谢你的提醒!知道了这些文化差异就不会发生误解,真的很有帮助!

王钢: 对,了解对方的文化和沟通习惯才能更好地交流。那就祝你一切顺利吧!

VOCABULARY

1.	嗯		Ēn	Int	Hmm (indicating understanding, acknowledgment, or agreement)
2.	哦		Ò	Int	Oh (indicating understanding, acknowledgment, or surprise)
3.	开头	開頭	kāitóu	N	beginning
4.	礼貌	禮貌	lǐmào	A	polite; courteous
5.	用语	用語	yòngyǔ	N	terminology; expression
6.	直接		zhíjiē	A/Adv	direct; directly
7.	致以		zhìyǐ	V	to extend; to offer
8.	问候	問候	wènhòu	N/V	greeting; to greet
9.	一切		yíqiè	Pr	everything
10.	顺利	順利	shùnlì	A	smooth
11.	尽量	盡量	jǐnliàng	Adv	to the best of one's ability
12.	面子		miànzi	N	face; reputation
13.	提醒		tíxǐng	V	to remind
14.	差异	差異	chāyì	N	difference
15.	误解	誤解	wùjiě	N/V	misunderstanding; to misunderstand
16.	交流		jiāoliú	N/V	exchange (of ideas); to exchange (ideas)

词语与句型

1. 有关…的 (related to; about)

The phrase 有关…的 is commonly used to introduce the subject of discussions, documents, articles, or inquiries, specifying that the following content is directly related to it.

1. 我昨天收到了一封有关你申请工作的电子邮件。
   Wǒ zuótiān shōudào le yì fēng yǒuguān nǐ shēnqǐng gōngzuò de diànzǐ yóujiàn.
   (Yesterday I received an email about your job application.)
2. 老王刚发表了一篇有关中国电子通信的文章。
   Lǎo Wáng gāng fābiǎo le yì piān yǒuguān Zhōngguó diànzǐ tōngxìn de wénzhāng.
   (Mr. Wang just published an article about electronic communication in China.)

2. 跟…一样 (just like; the same as)

This structure is used to compare two things that are similar or equal in some way.

1. 跟他哥哥一样，他也喜欢用电脑打中文。
   Gēn tā gēge yíyàng, tā yě xǐhuan yòng diànnǎo dǎ Zhōngwén.
   (Just like his older brother, he also likes to type Chinese on the computer.)
2. 跟在电脑上一样，在手机上也能看电子邮件。
   Gēn zài diànnǎo shàng yíyàng, zài shǒujī shàng yě néng kàn diànzǐ yóujiàn.
   (Just like on the computer, you can also read emails on the phone.)

3. 无论…还是…，都 (whether … or …, would)

This structure emphasizes that the conclusion or response is the same, regardless of the differing scenarios presented before it.

1. 有了电子邮箱，无论在美国还是在中国，你都能很快地跟我们联系。
   Yǒu le diànzǐ yóuxiāng, wúlùn zài Měiguó háishì zài Zhōngguó, nǐ dōu néng hěn kuài de gēn wǒmen liánxì.
   (With email, you can quickly contact us whether you are in the United States or in China.)

2. 无论明天天气好还是不好，我们都要来上课。

   Wúlùn míngtiān tiānqì hǎo háishì bù hǎo, wǒmen dōu yào lái shàngkè.

   (Regardless of whether the weather is good or bad tomorrow, we still have to attend class.)

4. 据我所知 (as far as I know; to the best of my knowledge)

This expression is typically used to convey information in a way that is confident yet open to correction, implying that the speaker is relying on the best of his/her knowledge but is aware that there could be more to the situation than he/she is aware of.

1. 据我所知，在电脑上输入中文有不同的方法。

   Jù wǒ suǒ zhī, zài diànnǎo shang shūrù Zhōngwén yǒu bù tóng de fāngfǎ.

   (As far as I know, there are different methods for typing Chinese on the computer.)

2. 据我所知，现在有一些学生已经习惯了用电脑打中文。

   Jù wǒ suǒ zhī, xiànzài yǒu yì xiē xuésheng yǐjīng xíguàn le yòng diànnǎo dǎ Zhōngwén.

   (To the best of my knowledge, now some students have already become accustomed to typing Chinese on the computer.)

5. 包括 (to include; including)

The word 包括 is used to specify what items or elements are included within a larger group or set.

1. 用电脑输入中文有很多种方法，包括拼音输入法、五笔输入法、注音输入法等。

   Yòng diànnǎo shūrù Zhōngwén yǒu hěn duō zhǒng fāngfǎ, bāokuò pīnyīn shūrùfǎ, wǔbǐ shūrùfǎ, zhùyīn shūrùfǎ děng.

   (There are many methods for typing Chinese on the computer, including Pinyin input method, Wubi input method, Zhuyin input method, and so on.)

2. 他现在的日常工作包括打印文件、保管文件、跟别的公司联系等等。

   Tā xiànzài de rìcháng gōngzuò bāokuò dǎyìn wénjiàn, bǎoguǎn wénjiàn, gēn biéde gōngsī liánxì děng děng.

   (His daily work now includes printing documents, filing paperwork, contacting other companies, and so on.)

6. 其中 (among them; in which)

The word 其中 functions to connect two clauses, referring back to the group or set in the preceding statement and specifying a particular item or choice within that group.

1. 老师给我们介绍了几种中文输入法，其中我最喜欢的是拼音输入法。

    Lǎoshī gěi wǒmen jièshào le jǐ zhǒng Zhōngwén shūrùfǎ, qízhōng wǒ zuì xǐhuan de shì pīnyīn shūrùfǎ.

    (The teacher has introduced to us several Chinese input methods, among which my favorite is Pinyin input method.)

2. 他们的旅游服务有多种选项，其中包括坐船出海、饮食文化体验等等。

    Tāmen de lǚyóu fúwù yǒu duō zhǒng xuǎnxiàng, qízhōng bāokuò zuò chuán chūhǎi, yǐnshí wénhuà tǐyàn děngděng.

    (Their travel service offers multiple options, including boat trips at sea, food culture experiences, and so on.)

7. 只要…就 (as long as … then; if … then)

This structure is a conditional expression used to specify that if one condition is met, a certain consequence or outcome will follow.

1. 只要你有了电子邮箱，我们就可以随时随地地沟通、交流。

    Zhǐyào nǐ yǒu le diànzǐ yóuxiāng, wǒmen jiù kěyi suíshí suídì de gōutōng, jiāoliú.

    (As long as you have an email address, we can communicate and exchange information anytime, anywhere.)

2. 这个周末只要你们来参加我们的活动，就可以吃到好吃的免费的中国饭。

    Zhè gè zhōumò zhǐyào nǐmen lái cānjiā wǒmen de huódòng, jiù kěyi chī dào hǎochī de miǎnfèi de Zhōngguó fàn.

    (This weekend, as long as you come to participate in our event, you can enjoy delicious, free Chinese food.)

练习

一、回答课文问题 (Answer Questions Based on the Texts)

课文一

1. 在中国，人们常常使用电子邮件吗？什么时候使用？
2. 中国的公司和政府机构用电子邮件来做什么？
3. 在中国，人们可以使用哪个美国的电子邮箱？
4. 中国本土有哪些优质的电子邮箱？
5. 在中国，最受欢迎的电子邮箱叫什么名字？它们有多少用户？
6. 在中国，什么样的电子邮件账户特别适合学生使用？
7. 在中国，人们怎么才能有一个电子邮箱？

课文二

1. 跟中国人用电子邮件沟通时需要注意什么？
2. 中国人为什么不在电子邮件中说"不行"？
3. "没面子"是什么意思？
4. 中国人在电子邮件的最后常常说什么？
5. 在对话中，你了解到了中国文化和美国文化有什么不同？

二、动词搭配 (Match Each Word with the Most Appropriate Verb)

联系　处理　受到　提供　介绍
验证　致以　发生　回答　交流

1. _____问候
2. _____限制
3. _____亲友
4. _____误解
5. _____问题
6. _____事务
7. _____号码
8. _____想法
9. _____情况
10. _____服务

三、选词填空 (Fill in Each Blank with the Most Appropriate Word)

1. 我们都忘了明天要去参观博物馆的事，谢谢你_____我们。
   a. 提醒　　　　　　b. 解释　　　　　　c. 说明

2. 中国人不常_____说"不行"，因为他们觉得那样不礼貌。
   a. 马上　　　　　　b. 很快　　　　　　c. 直接

3. 你对中国人怎么使用电子邮件_____得非常清楚，我现在没有问题了。
   a. 告诉　　　　　　b. 解释　　　　　　c. 了解

4. 老师_____学生的问题是老师的责任。
   a. 告诉　　　　　　b. 打印　　　　　　c. 回答

5. _____就是我们下课以后要复习的内容。你们还有什么问题吗？
   a. 面上　　　　　　b. 以上　　　　　　c. 边上

6. 这种电子游戏不_____小孩子玩儿。
   a. 适合　　　　　　b. 合适　　　　　　c. 适用

7. 这几天我太忙了。明天的会我_____早点儿去吧！
   a. 尽早　　　　　　b. 一定　　　　　　c. 尽量

8. 听说这种手机现在很_____人们的欢迎。
   a. 受　　　　　　　b. 到　　　　　　　c. 得

9. 我到了中国以后就马上_____你联系。
   a. 跟　　　　　　　b. 向　　　　　　　c. 去

10. 要是你想在中国注册一个电子邮箱的话，你得用你的手机_____一下。
    a. 试验　　　　　　b. 验证　　　　　　c. 证明

四、完成对话 (Complete the Dialogues)

1. A: 哎，老王，听说你最近写了一本书，是什么书？
   B: 这本书_____。
      (有关…的)

2. A: 王钢，我想去一个中国朋友家，需要先告诉他吗？
   B: 是的，凯伦，_____。
      (跟…一样)

3. A: 听说你在学中文。除了中文以外，你对中国文化有兴趣吗？
   B: _____。
      (无论…还是…，都)

4. A: 凯伦，你来中国已经半年了。你知道中国人怎么使用电子邮件的吗？
   B: _____。
      (据我所知；跟…一样)

5. A: 听说你对中国文化很了解。你都了解什么呢？
   B: 我了解一点儿，_____。
      (包括)

6. A: 王钢，听说你交了不少外国朋友？
   B: 没错，_____。
      (其中)

7. A: 老师，我怎么样才能学好中文呢？
   B: _____。
      (只要…就)

五、用所给词语英译中 (Translate the Sentences into Chinese with the Given Words)

1. Nowadays, the majority of Chinese people communicate and exchange information via email, which is both convenient and timesaving. (沟通；交流；又…又)
2. All I have mentioned above is related to how Chinese people use email. (以上；有关；是…的)
3. When communicating with Chinese people, you need to pay attention to the language you use. Otherwise, it may come off as impolite. (沟通；注意；要不然)
4. In China, Yahoo and Google are both restricted and cannot be accessed, but Microsoft email can be used. (限制；使用；受到)
5. In China, rejecting someone face to face is considered as causing that person to lose face. (当面；拒绝；没面子)

六、小作文 (Short Composition)

Write a brief email, about 100 Chinese characters in length, addressed to a friend. It should include an opening and a closing, use polite language, and adhere to the style typical of Chinese emails.

七、问题与思考 (Questions and Reflections)

1. 你觉得电子邮件和传统的书信有什么区别？哪一个更适合现代生活？
2. 有人说，发电子邮件的时候，我们的个人信息和隐私可能会被其他人知道。你怎么看这个问题？有没有什么建议？
3. 有些人认为，电子邮件是一种正式的沟通方式，只适合正式的场合，而不适合休闲聊天。你同意这个观点吗？为什么？

Pinyin Texts

Kèwén yī

Dàwèi, nǐ hǎo!

Hěn gāoxìng huídá nǐ yǒuguān zài Zhōngguó shǐyòng diànzǐ yóujiàn de wèntí.

Gēn qítā guójiā yíyàng, zài Zhōngguó, diànzǐ yóujiàn yě shì rénmen chángcháng shǐyòng de yì zhǒng liánxì fāngfǎ. Wúlùn zài gōngzuò zhōng háishì gēn qīn yǒu liánxì, wǒmen dōu cháng yòng diànzǐ yóujiàn. Zhōngguó de gōngsī hé zhèngfǔ jīgòu yě guǎngfàn shǐyòng diànzǐ yóujiàn lái chǔlǐ shìwù.

Nǐ zài diàn yóu zhōng wèndào le Měiguó jǐ dà diànzǐ yóuxiāng zài Zhōngguó de qíngkuàng. Jù wǒ suǒ zhī, suīrán Gǔgē yóuxiāng hé Yǎhǔ yóuxiāng zài Zhōngguó de shǐyòng shòudào xiànzhì, dànshì Zhōngguó yònghù shì kěyǐ shǐyòng Wēiruǎn de Outlook yóuxiāng de.

Qíshí, Zhōngguó yǒu duō jiā běntǔ de dàxíng IT gōngsī yě tígōng yōuzhì de diànzǐ yóuxiāng fúwù, bāokuò Wǎngyì 163 yóuxiāng, QQ yóuxiāng, Xīnlàng yóuxiāng, hé Sōuhú yóuxiāng. Qízhōng 163 yóuxiāng hé QQ yóuxiāng zài Zhōngguó zuì shòu huānyíng, gè zì de yònghù dōu gāo dá shù yì.

Yǐshàng zhè xiē yóuxiāng dōu wèi yònghù tígōng miǎnfèi de huòzhě fùfèi de diànzǐ yóuxiāng zhànghù. Miǎnfèi zhànghù tígōng jīběn de yóuxiāng fúwù, tèbié shìhé xuésheng shǐyòng. Wǒ xiànzài jiù zài yòng miǎnfèi de 163 yóuxiāng xiàng nǐ jièshào zhè xiē qíngkuàng. Zhōngguó de yònghù zhǐyào yòng zhēnshí xìngmíng zhùcè yí gè zhànghù, ránhòu yòng shǒujī hàomǎ yànzhèng, jiù néng yǒu yí gè miǎnfèi de huòzhě fùfèi de diànzǐ yóuxiāng le.

Yǐshàng jiùshì wǒ duì Zhōngguó diànzǐ yóujiàn xiànzhuàng de jiěshì, xīwàng néng duì nǐ yǒu bāngzhù.

Zhù hǎo！

Wáng Gāng

Kèwén èr

Kǎilún: Wáng Gāng, wǒ gāng lái Zhōngguó, chángcháng xūyào yòng diànzǐ yóujiàn gēn biérén liánxì. Nǐ juéde wǒ xiě yóujiàn shí yǒu shénme yào zhùyì de ma?

Wáng Gāng: Ēn, shǒuxiān, yóujiàn kāitóu yào yòng lǐmào yòngyǔ, bǐrú jiào "Zhāng nǚshì" huò "Wáng jīnglǐ".

Kǎilún: Ò, wǒmen xiě Yīngwén yóujiàn kāitóu cháng shuō "Hi", huò shénme yě bù shuō, zhíjiē jiù kāishǐ.

Wáng Gāng: Hái yǒu, yóujiàn de zuìhòu yào zhìyǐ wènhòu, rú, "Zhù hǎo!", "Zhù nǐ yíqiè shùnlì!" děng.

Kǎilún: Gēn Yīngwén yóujiàn chàbuduō, wǒmen zuìhòu huì shuō "Sincerely" huò "Best".

Wáng Gāng: Hái yǒu, yóujiàn lǐ jǐnliàng bié shuō "Bù xíng", yīnwèi zhè yàng huì ràng duìfāng juéde bù hǎo yìsi, méi miànzi.

Kǎilún: Tǐng yǒu yìsi de! Wǒmen tōngcháng huì zhí shuō "Xíng" huò "Bù xíng". Xièxie nǐ de tíxǐng! Zhīdào le zhè xiē wénhuà chāyì jiù bú huì fāshēng wùjiě. Zhēn de hěn yǒu bāngzhù!

Wáng Gāng: Duì, liáojiě duìfāng de wénhuà hé gōutōng xíguàn cái néng gèng hǎo de jiāoliú. Nà jiù zhù nǐ yíqiè shùnlì ba!

第三课　智能手机

课文一

智能手机的历史始于[1]上世纪九十年代，那时的智能手机只能打电话和发短信。到了二十一世纪初，随着科技的快速发展，智能手机拥有了更多、更强大的功能，如触摸屏、移动上网、高清摄像等。二零零七年苹果公司生产出[2]了第一代苹果手机，使智能手机的发展进入了一个新时代。

现在市场上的智能手机主要有两种：一种是苹果手机，使用苹果公司开发的iOS操作系统；另一种使用的是谷歌公司开发的安卓操作系统，如三星、华为和小米等知名品牌的手机。两种手机各有特点。苹果手机以功能强大、系统稳定而[3]著称，而安卓手机则[4]拥有灵活多样的应用。两种手机的用户可以分别⁵在苹果或者谷歌的应用商店下载各种应用,增加手机的功能。

智能手机已经走进了我们生活的每一个角落。除了⁶通讯以外,它还可用于⁷社交、学习、购物、娱乐、新闻等各个方面。智能手机大大改变了我们的生活方式。无论是在家庭、学校还是工作场所,智能手机都发挥着很重要的作用,不仅提高了我们的工作效率,也让我们的生活更方便。

VOCABULARY

1.	智能手机	智能手機	zhìnéng shǒujī	NP	smartphone
2.	始于	始於	shǐ yú	VP	to start from; to date from
3.	年代		niándài	N	decade
4.	科技		kējì	N	science and technology
5.	快速		kuàisù	A	fast; rapid
6.	拥有	擁有	yōngyǒu	V	to possess; to own
7.	强大		qiángdà	A	strong; powerful
8.	功能		gōngnéng	N	function
9.	触摸屏	觸摸屏	chùmō píng	NP	touch screen
10.	高清摄像	高清攝像	gāoqīng shèxiàng	NP	high-definition camera
11.	生产	生產	shēngchǎn	N/V	production; to produce
12.	代		dài	N	generation
13.	进入	進入	jìnrù	V	to enter
14.	市场	市場	shìchǎng	N	market
15.	开发	開發	kāifā	V	to develop

(continued)

16.	操作		cāozuò	N/V	operation; to operate
17.	知名		zhīmíng	A	well known; famous
18.	品牌		pǐnpái	N	brand; trademark
19.	特点	特點	tèdiǎn	N	feature; characteristic
20.	稳定	穩定	wěndìng	A	stable
21.	著称	著稱	zhùchēng	A	well known; famous
22.	而		ér	Conj	whereas; while
23.	则	則	zé	Adv	in contrast
24.	灵活多样	靈活多樣	línghuó duōyàng	AP	flexible and diverse
25.	应用	應用	yìngyòng	N/V	app; application; to use; to apply
26.	增加		zēngjiā	V	to increase; to add
27.	角落		jiǎoluò	N	corner
28.	通讯	通訊	tōngxùn	N	communication
29.	社交		shèjiāo	A/N	social; social contact
30.	娱乐	娛樂	yúlè	N	entertainment
31.	新闻	新聞	xīnwén	N	news; journalism
32.	方面		fāngmiàn	N	aspect; field
33.	改变	改變	gǎibiàn	N/V	change; to change
34.	家庭		jiātíng	N	family; household
35.	场所	場所	chángsuǒ	N	place; site
36.	效率		xiàolù	N	efficiency

(*continued*)

Proper Nouns

1.	苹果公司	蘋果公司	Píngguǒ Gōngsī	Apple Inc.
2.	安卓		Ānzhuó	Android operating system
3.	三星		Sānxīng	Samsung (South Korean electronics company)
4.	华为	華為	Huáwéi	Huawei (Chinese electronics company)
5.	小米		Xiǎomǐ	Xiaomi (Chinese electronics company)

课文二

凯伦： 王钢，我现在的手机信号老是不稳定，想换个运营商。
王钢： 学校附近有三家电话运营商：中国移动、中国联通和中国电信，都不错，你可以选一家。
凯伦： 你觉得哪家最好？
王钢： 对我们学校来说，联通的信号最好，而且联通对学生有优惠价。
凯伦： 你知道，我每天都要上网学习，还要跟在美国的家人视频通话，所以我需要很多流量。
王钢： 没问题，联通有各种套餐。有的套餐每个月提供很多流量，还有一些是不限制流量的。
凯伦： 那太好了！这样我就不用担心流量不够用了。
王钢： 没错，你去联通的时候，告诉他们你需要什么，他们会帮你选最合适的套餐。
凯伦： 那我就用联通吧。怎么去开户啊？
王钢： 很容易，你带上护照和学生证，到学校旁边的联通营业厅就可以办了。

VOCABULARY

1.	信号	信號	xìnhào	N	signal
2.	运营商	運營商	yùnyíng shāng	NP	service provider; operator
3.	优惠价	優惠價	yōuhuì jià	NP	preferential price; discount price
4.	视频	視頻	shìpín	N	video
5.	通话	通話	tōnghuà	V	to call; to communicate by telephone
6.	流量		liúliàng	N	mobile data
7.	套餐		tàocān	N	mobile package; cellphone plan
8.	开户	開戶	kāi hù	VO	to open an account
9.	营业厅	營業廳	yíngyè tīng	N	service hall; business hall

(continued)

| 10. | 护照 | 護照 | hùzhào | N | passport |
| 11. | 学生证 | 學生證 | xuésheng zhèng | N | student ID |

Proper Nouns

1.	中国移动	中國移動	Zhōngguó Yídòng	China Mobile (Chinese telecommunications company)
2.	中国联通	中國聯通	Zhōngguó Liántōng	China Unicom (Chinese telecommunications company)
3.	中国电信	中國電信	Zhōngguó Diànxìn	China Telecom (Chinese telecommunications company)

词语与句型

1. 始于 (to start from; to date from; to originate in)

Consisting of the verb 始 (begin) and preposition 于 (in, at), this verb phrase indicates the starting point of an event or period in time.

1. 这个项目始于去年年底，现在已经取得了很大的进展。

    Zhè ge xiàngmù shǐ yú qùnián niándǐ, xiànzài yǐjīng qǔdé le hěn dà de jìnzhǎn.

    (This project started at the end of last year and has already made great progress.)

2. 这条河的源头始于北方的雪山，流经多个城市和乡村。

    Zhè tiáo hé de yuántóu shǐ yú běifāng de xuěshān, liú jīng duō gè chéngshì hé xiāngcūn.

    (This river originates in the snowy mountains in the north and flows through many cities and villages.)

2. V+出

The word 出, meaning "come out" or "get out," is often used after a verb as a resultative complement to emphasize the completion and successful outcome of the verb's action.

1. 他想出了一个解决问题的好办法。

    Tā xiǎng chū le yí gè jiějué wèntí de hǎo bànfǎ.

    (He came up with a nice solution to the problem.)

2. 我们公司最近开发出了一种新的手机操作系统。

   Wǒmen gōngsī zuìjìn kāifā chū le yì zhǒng xīn de shǒujī cāozuò xìtǒng.

   (Our company has recently developed a new mobile phone operating system.)

3. 以⋯而

以 in this expression is a preposition indicating reason or manner, while 而 is a conjunction linking the prepositional phrase with the predicate that signifies the result.

1. 我们以学校有这么好的足球队而自豪。

   Wǒmen yǐ xuéxiào yǒu zhème hǎo de zúqiú duì ér zìháo.

   (We are proud to have such a good soccer team in our school.)

2. 他以工作努力而获得大家的尊敬。

   Tā yǐ gōngzuò nǔlì ér huòdé dàjiā de zūnjìng.

   (He won everyone's respect for his hard work.)

4. 而⋯则 (whereas; in contrast or comparison)

This structure is used to contrast two clauses within a sentence. 而 is a conjunction introducing the second clause, while 则 as an adverb emphasizes the contrasting characteristic in the second clause.

1. 夏天，中国北方的天气很干燥，而南方则常常下雨。

   Xiàtiān, Zhōngguó běifāng de tiānqì hěn gānzào, ér nánfāng zé chángcháng xià yǔ.

   (In summer, the weather in northern China is very dry, while it often rains in the south.)

2. 他喜欢看美国电影，而他弟弟则喜欢看中国电影。

   Tā xǐhuan kàn Měiguó diànyǐng, ér tā dìdi zé xǐhuan kàn Zhōngguó diànyǐng.

   (He likes to watch American movies, whereas his younger brother likes to watch Chinese movies.)

5. 分别 (respectively; differently)

When used as an adverb to modify the verb, 分别 indicates that the following actions or characteristics apply differently and separately to the subjects previously mentioned in the sentence.

1. 回家过年以前，他们三兄弟分别给父母买了礼物。
   Huí jiā guònián yǐqián, tāmen sān xiōngdì fēnbié gěi fùmǔ mǎi le lǐwù.
   (Each of the three brothers bought gifts for their parents before going home for the Chinese New Year.)

2. 毕业以后，我们分别去了不同的城市工作。
   Bìyè yǐhòu, wǒmen fēnbié qù le bùtóng de chéngshì gōngzuò.
   (After graduation, we went to work in different cities.)

6. 除了…（以外），也/还 (besides …, also)

The structure 除了…（以外）introduces additional information or elements that are included in addition to what has already been mentioned. The word 以外 is optional. The adverbs 还 or 也 are used to connect the additional information.

1. 除了中文以外，凯伦也会说西班牙语和法语。
   Chúle Zhōngwén yǐwài, Kǎilún yě huì shuō Xībānyáyǔ hé Fǎyǔ.
   (In addition to Chinese, Karen also speaks Spanish and French.)

2. 除了游泳以外，王钢还喜欢跑步。
   Chúle yóuyǒng yǐwài, Wáng Gāng hái xǐhuan pǎobù.
   (Besides swimming, Wang Gang also likes running.)

7. 用于 (to be used for)

This verb phrase consists of a verb and a preposition and is followed by a noun or verb serving as its object.

1. 这个软件主要用于编辑和处理图像。
   Zhè ge ruǎnjiàn zhǔyào yòng yú biānjí hé chǔlǐ túxiàng.
   (This software is used primarily for editing and processing images.)

2. 这个大教室可以用于各种会议。
   Zhè ge dà jiàoshì kěyǐ yòng yú gè zhǒng huìyì.
   (This large classroom can be used for various types of meetings.)

练习

一、回答课文问题 (Answer Questions Based on the Texts)

课文一

1. 智能手机是什么时候开始出现的？
2. 到了二十一世纪初，智能手机有了哪些新功能？
3. 苹果手机以什么而著称？
4. 安卓操作系统是哪家公司开发的？
5. 安卓手机有什么特点？
6. 如果你是苹果手机用户，你在哪儿下载手机应用？
7. 除了打电话和发短信，智能手机还能用来做什么？

课文二

1. 为什么凯伦想换一家电话运营商？
2. 为什么王钢觉得中国联通比较合适？
3. 为什么凯伦要用很多电话流量？
4. 凯伦最后选了哪家电话运营商？
5. 凯伦去联通营业厅开户需要带上什么证件？

二、动词搭配 (Match Each Word with the Most Appropriate Verb)

下载　增加　限制　提高　发
进入　拥有　生产　开发　办

1. _____事情
2. _____手机
3. _____新产品
4. _____流量
5. _____教室
6. _____财富
7. _____短信
8. _____功能
9. _____应用
10. _____效率

三、选词填空 (Fill in Each Blank with the Most Appropriate Word)

视频　　触摸　　摄像　　操作　　灵活

1. 王钢最近买了一部小米手机。这部手机有_____屏，还提供了_____多样的应用，使用起来非常方便。手机的_____系统也很稳定，让他在使用时感到很顺畅。他特别喜欢手机的高清_____功能，可以拍摄出非常清晰的照片和_____。总的来说，王钢觉得这部手机很不错。

优惠　　开户　　特点　　流量　　信号

2. 下午，凯伦来到中国联通的营业厅。营业员小张热情地接待了她，向她介绍了中国联通的服务_____。据小张说，联通的_____很稳定。另外，联通不仅提供各种方便实惠的套餐，而且对学生有_____价。使用学生套餐，无论是上网学习还是浏览视频，_____都不受限制。凯伦对联通的服务非常满意，最后决定在联通_____。

四、完成对话 (Complete the Dialogues)

1. A: 听说你爸爸是个足球迷，电视里一有球赛就非看不可。
   B: 是啊，他这个爱好_____。
   　　　（始于）

2. A: 苹果公司也是一家电脑公司吗？
   B: 对。早在上世纪70年代，苹果公司就已经_____。
   　　　（V+出）

3. A: 我的电脑坏了，得买个新的。你觉得哪种牌子的合适？
   B: 联想电脑_____。
   　　　（以…而）

4. A: 听说三星和苹果都刚推出了新款手机，不知道哪个更好。
   B: 三星的新款手机_____。
   （而…则）

5. A: 公司希望了解我们这三个团队对开发新产品的想法。
   B: 很好啊，_____。
   （分别）

6. A: 大卫，你喜欢看什么样的电影？
   B: _____，我_____。
   （除了…以外）

7. A: 我注意到很多同学最近都在用一个新的手机应用。这是为什么呢？
   B: _____。
   （用于）

五、用所给词语英译中 (Translate the Sentences into Chinese with the Given Words)

1. Wang Gang likes his smartphone very much because he can have video calls with his girlfriend every day. (视频通话)

2. Not only have smartphones entered our daily lives, but they have also greatly changed the way we live. (走进；改变)

3. In addition to checking the time, smartwatches can also be used for calculations and listening to music. (用于)

4. Because this phone carrier is well known for its excellent service, it has attracted many customers. (以…而)

5. The two managers had different views about this new product. At today's meeting, they each clearly expressed their opinions. (分别)

六、小作文 (Short Composition)

Think about a cell phone you really like or have used. In about 100 Chinese characters, write a brief composition that includes the brand and model of this cell phone, its features you like or dislike, and your overall experience using this phone.

七、问题与思考 (Questions and Reflections)

1. 智能手机给我们的工作和生活带来了哪些好处？请举三个例子来说明。
2. 有人认为，因为智能手机提供了很多非常有趣的应用，所以让很多学生玩手机上瘾。你怎么看这个问题？
3. 智能手机的应用可能会收集用户的个人信息。这些信息会不会在用户不知道的情况下泄露出去？我们应该怎么办？

Pinyin Texts

Kèwén yī

Zhìnéng shǒujī de lìshǐ shǐ yú shàng shìjì jiǔshí niándài, nà shí de zhìnéng shǒujī zhǐ néng dǎ diànhuà hé fā duǎnxìn. Dào le èrshíyī shìjì chū, suízhe kējì de kuàisù fāzhǎn, zhìnéng shǒujī yōngyǒu le gèng duō, gèng qiángdà de gōngnéng, rú chùmō píng, yídòng shàng wǎng, gāoqīng shèxiàng děng. Èr líng líng qī nián Píngguǒ Gōngsī shēngchǎn chū le dì yī dài Píngguǒ shǒujī, shǐ zhìnéng shǒujī de fāzhǎn jìnrù le yí gè xīn shídài.

Xiànzài shìchǎng shàng de zhìnéng shǒujī zhǔyào yǒu liǎng zhǒng. Yì zhǒng shì Píngguǒ shǒujī, shǐyòng Píngguǒ Gōngsī kāifā de iOS cāozuò xìtǒng. Lìng yì zhǒng shǐyòng de shì Gǔgē Gōngsī kāifā de Ānzhuó cāozuò xìtǒng, rú Sānxīng, Huáwéi hé Xiǎomǐ děng zhīmíng pǐnpái de shǒujī. Liǎng zhǒng shǒujī gè yǒu tèdiǎn. Píngguǒ shǒujī yǐ gōngnéng qiángdà, xìtǒng wěndìng ér zhùchēng, ér Ānzhuō shǒujī zé yōngyǒu línghuó duōyàng de yìngyòng. Liǎng zhǒng shǒujī de yònghù kěyǐ fēnbié zài Píngguǒ huòzhě Gǔgē de yìngyòng shāngdiàn xiàzài gè zhǒng yìngyòng, zēngjiā shǒujī de gōngnéng.

Zhìnéng shǒujī yǐjīng zǒu jìn le wǒmen shēnghuó de měi yí gè jiǎoluò. Chúle tōngxùn yǐwài, tā hái kě yòng yú shèjiāo, xuéxí, gòuwù, yúlè, xīnwén děng gège fāngmiàn. Zhìnéng shǒujī dàdà gǎibiàn le wǒmen de shēnghuó fāngshì. Wúlùn shì zài jiātíng, xuéxiào háishì gōngzuò chǎngsuǒ, zhìnéng shǒujī dōu fāhuī zhe hěn zhòngyào de zuòyòng, bùjǐn tígāo le wǒmen de gōngzuò xiàolǜ, yě ràng wǒmen de shēnghuó gèng fāngbiàn.

Kèwén èr

Kǎilún: Wáng Gāng, wǒ xiànzài de shǒujī xìnhào lǎoshì bù wěndìng, xiǎng huàn gè yùnyíng shāng.

Wáng Gāng: Xuéxiào fùjìn yǒu sān jiā diànhuà yùnyíng shāng: Zhōngguó Yídòng, Zhōngguó Liántōng hé Zhōngguó Diànxìn, dōu bú cuò, nǐ kěyǐ xuǎn yì jiā.

Kǎilún: Nǐ juéde nǎ jiā zuì hǎo?

Wáng Gāng: Duì wǒmen xuéxiào lái shuō, Liántōng de xìnhào zuì hǎo, érqiě Liántōng duì xuéshēng yǒu yōuhuì jià.

Kǎilún: Nǐ zhīdào, wǒ měi tiān dōu yào shàng wǎng xuéxí, hái yào gēn zài Měiguó de jiārén shìpín tōnghuà, suǒyǐ wǒ xūyào hěn duō liúliàng.

Wáng Gāng: Méi wèntí, Liántōng yǒu gè zhǒng tàocān. Yǒu de tàocān měi gè yuè tígōng hěn duō liúliàng, hái yǒu yì xiē shì bú xiànzhì liúliàng de.

Kǎilún: Nà tài hǎo le! Zhèyàng wǒ jiù bú yòng dānxīn liúliàng bú gòu yòng le.

Wáng Gāng: Méi cuò, nǐ qù Liántōng de shíhòu, gàosù tāmen nǐ xūyào shénme, tāmen huì bāng nǐ xuǎn zuì héshì de tàocān.

Kǎilún: Nà wǒ jiù yòng Liántōng ba. Zěnme qù kāi hù ā?

Wáng Gāng: Hěn róngyì, nǐ dài shàng hùzhào hé xuésheng zhèng, dào xuéxiào pángbiān de Liántōng yíngyè tīng jiù kéyǐ bàn le.

第四课　社交媒体

课文一

在今天的中国，很难想象有人从未¹接触过社交媒体。从²看新闻、联系亲友，到购物、娱乐，人们越来越离不开社交媒体了。

中国的社交媒体形式多样，功能丰富。微信和微博是两大主流社交平台。微信集社交、通讯、支付等功能于一体³，是几乎每个中国人都必不可少的社交工具。微博很像美国的社交平台"X"，用户可以在上面发布文字、图片、视频等多媒体内容，也可以跟其他用户互动和交流。微博也是许多明星和网红集聚的地方。

对于喜欢短视频的人来说⁴，抖音和快手是他们的天堂。在这些平台上，你可以看到各种短视频，比如跳舞、做饭、运动，内容丰富，也很有意思。小红书也很受年轻女性的欢迎，这是一个分享购物心得、美妆秘诀、旅行经验的社区。还有一个不得不[5]说的平台叫知乎,是一个分享知识的地方。不管[6]你有什么问题,都可以在这里找到答案,或是看到专家们的讨论。

除了以上这些以外,中国还有很多别的社交媒体。它们改变了人们的生活方式,也为中国的社会和文化带来了新的活力。

VOCABULARY

1.	社交媒体	社交媒體	shèjiāo méitǐ	NP	social media
2.	想象		xiǎngxiàng	N/V	imagination; to imagine
3.	从未	從未	cóng wèi	Adv	never
4.	接触	接觸	jiēchù	V	to access; to get in touch with
5.	形式		xíngshì	N	form; structure
6.	丰富	豐富	fēngfù	Adj	rich; abundant
7.	主流		zhǔliú	A/N	mainstream; the mainstream
8.	平台		píngtái	N	platform
9.	集		jí	V	to gather; to integrate
10.	支付		zhīfù	N/V	payment; to pay
11.	于	於	yú	Prep	in; at
12.	一体	一體	yītǐ	N	an integral whole
13.	必不可少		bì bù kě shǎo	AP	indispensable; essential
14.	发布	發佈	fābù	V	to post; to publish; to release
15.	多媒体	多媒體	duōméitǐ	N	multimedia
16.	内容		nèiróng	N	content
17.	进行	進行	jìnxíng	V	to proceed; to carry out; to conduct

(continued)

18.	互动	互動	hùdòng	N/V	interaction; to interact
19.	明星		míngxīng	N	star; celebrity
20.	网红	網紅	wǎnghóng	N	influencer
21.	集聚		jíjù	V	to gather; to assemble
22.	短		duǎn	A	short
23.	天堂		tiāntáng	N	paradise; heaven
24.	女性		nǚxìng	N	female; woman
25.	分享		fēnxiǎng	N/V	share; to share
26.	心得		xīndé	N	insight
27.	美妆秘诀	美妝秘訣	měi zhuāng mìjué	NP	beauty tips; makeup tips
28.	社区	社區	shèqū	N	community
29.	答案		dá'àn	N	answer
30.	专家	專家	zhuānjiā	N	expert
31.	活力		huólì	N	vitality; energy
Proper Nouns					
1.	微信		Wēixìn		WeChat (Chinese instant messaging, social media, and mobile payment app developed by Tencent)
2.	微博		Wēibó		Weibo (Chinese microblogging website developed by Sina)
3.	抖音		Dǒuyīn		Douyin (Chinse short-video and live-streaming platform developed by ByteDance)
4.	快手		Kuàishǒu		Kuaishou (Chinese short-video and live-streaming platform developed by Kuaishou Technology)

(continued)

| 5. | 小红书 | 小紅書 | Xiǎohóngshū | Xiaohongshu (Chinese social media and e-commerce platform operated by Xingyin Information Technology) |
| 6. | 知乎 | | Zhīhū | Zhihu (Chinese question-and-answer website like Quora) |

课文二

凯伦： 王钢，我有个想法，我想建一个我们班同学的微信群，这样大家交流起来会更方便。你能帮帮我吗？

王钢： 好啊！你得先在手机上安装微信应用。

凯伦： 微信我已经安装了，而且也注册过了。
王钢： 那你打开微信，点击右上角的加号，选择"发起群聊"，然后从通讯录里选择你要邀请的同学，点击"完成"就好了。
凯伦： 我还想给这个群起个既好听又好记的名字，要怎么做呢？
王钢： 很简单，去群聊设置里就能改名。
凯伦： 那建好群后，还有什么要注意的吗？
王钢： 你作为[7]群主，得给大家定群规，在群里告诉大家。
凯伦： 群规都要写什么呢？
王钢： 比如，不要在群里发不合适的内容，还有要尊重每个人的看法。只要大家都遵守群规，微信群就能成为我们愉快交流的好地方。
凯伦： 你说得对，这太重要了。多谢你帮忙！

VOCABULARY

1.	建		jiàn	V	to build; to set up
2.	群		qún	N	group; crowd
3.	右上角		yòu shàng jiǎo	NP	upper right corner
4.	加号	加號	jiāhào	N	plus sign
5.	发起	發起	fāqǐ	V	to initiate; to launch
6.	通讯录	通訊錄	tōngxùn lù	NP	address book
7.	邀请	邀請	yāoqǐng	V	to invite
8.	改名		gǎi míng	VO	to change name
9.	群主		qún zhǔ	NP	group owner; group admin
10.	群规	群規	qún guī	NP	group rules; group regulations
11.	尊重		zūnzhòng	V	to respect
12.	遵守		zūnshǒu	V	to abide by; to comply with

词语与句型

1. 从未+V过 (have never done)

This structure emphasizes that the action has not occurred even up to the present time. Here, the adverb 从未 meaning "never" is used with a verb followed by 过 to indicate the past experience.

1. 我爸爸、妈妈他们从未用过电子邮件。

    Wǒ bàba, māma tāmen cóng wèi yòng guò diànzǐ yóujiàn.

    (My parents have never used email.)

2. 我从未见过这么漂亮的风景。

    Wǒ cóng wèi jiàn guò zhème piàoliàng de fēngjǐng.

    (I have never seen such beautiful scenery before.)

2. 从…到 (from … to)

This structure is used to express a range or interval between two points in time, space, or any other dimension.

1. 我们学校放暑假的时间是从六月初到八月底。

    Wǒmen xuéxiào fàng shǔjià de shíjiān shì cóng liù yuè chū dào bā yuè dǐ.

    (Our school's summer vacation is from early June to the end of August.)

2. 我朋友对用电脑打中文很有研究，从安装字体到使用各种输入法都懂。

    Wǒ péngyou duì yòng diànnǎo dǎ Zhōngwén hěn yǒu yánjiū, cóng ānzhuāng zìtǐ dào shǐyòng gè zhǒng shūrùfǎ dōu dǒng.

    (My friend is very knowledgeable about typing Chinese on the computer, from installing fonts to using various input methods.)

3. 集…于一体 (integrate … into one; combine … as one)

This structure is commonly used to emphasize something that combines multiple elements or features into a single entity.

1. 这本书集历史、文化、艺术于一体，是一本好书。

Zhè běn shū jí lìshǐ, wénhuà, yìshù yú yìtǐ, shì yì běn hǎo shū.

(This book integrates history, culture, and fine arts into one. It is a great book.)

2. 这个餐厅集美食、音乐、艺术于一体。

Zhè gè cāntīng jí měishí, yīnyuè, yìshù yú yìtǐ.

(This restaurant combines fine cuisine, music, and art into one.)

4. 对于…来说 (for; as for; as far as … is concerned)

This prepositional phrase is used to indicate a specific perspective or viewpoint by introducing the subject or focus of the statement that follows.

1. 对于学生来说，图书馆是学习必须去的地方之一。

    Duìyú xuésheng lái shuō, túshūguǎn shì xuéxí bìxū qù de dìfang zhīyī.

    (For students, the library is one of the places where they must go for study.)

2. 对于网络公司来说，发展更快更安全的网络技术非常重要。

    Duìyú wǎngluò gōngsī lái shuō, fāzhǎn gèng kuài gèng ānquán de wǎngluò jìshù fēicháng zhòngyào.

    (For internet companies, developing faster and more secure network technology is very important.)

5. 不得不 (have to; must)

This double-negative expression is used to emphasize that there is no choice or alternative but to do something, often indicating a sense of necessity or obligation.

1. 我明天有个考试，所以今天不得不晚点儿睡觉。

    Wǒ míngtiān yǒu ge kǎoshì, suǒyǐ jīntiān bùdébù wǎn diǎnr shuìjiào.

    (I have an exam tomorrow, so I have to stay up late today.)

2. 宿舍没有电了，我不得不去图书馆上网学习。

    Sùshè méi yǒu diàn le, wǒ bùdébù qù túshūguǎn shàng wǎng xuéxí.

    (The power is out in the dorm, so I have to go to the library to study online.)

6. 不管…都 (no matter …, would; regardless of …, would)

This structure is used to emphasize that something will happen or be done regardless of the circumstances.

1. 不管天气好不好，我们都应该去上课。

    Bùguǎn tiānqì hǎo bù hǎo, wǒmen dōu yīnggāi qù shàngkè.

    (No matter whether the weather is good or bad, we should go to class.)

2. 不管朋友住在哪儿，我们都可以用电子邮件来沟通、交流。

    Bùguǎn péngyǒu zhù zài nǎr, wǒmen dōu kěyǐ yòng diànzǐ yóujiàn lái gōutōng, jiāoliú.

    (No matter where our friends live, we can communicate and interact via email.)

7. 作为 (being; as)

The preposition 作为 is used to introduce someone's role, position, or identity in relation to a particular context or situation.

1. 作为老师，对学生应该严格要求。

    Zuòwéi lǎoshī, duì xuésheng yīnggāi yángé yāoqiú.

    (As a teacher, one should have high expectations for students.)

2. 作为学生，好好学习是他们的责任。

    Zuòwéi xuésheng, hǎohāo xuéxí shì tāmen de zérèn.

    (As students, it is their responsibility to study well.)

练习

一、回答课文问题 (Answer Questions Based on the Texts)

课文一

1. 人们可以在社交媒体上做什么？
2. 哪几个字告诉我们中国的社交媒体功能很多？
3. 作为社交媒体，微信有哪些功能？
4. 微博是一个什么样的社交媒体？哪些人喜欢上微博？
5. 为什么说抖音和快手是年轻人的天堂？
6. 年轻女性朋友可以在小红书上做什么？
7. 知乎是一个什么样的平台？人们在这里可以做什么？

课文二

1. 凯伦想建一个什么微信群？为什么？
2. 凯伦需要不需要在手机上安装微信应用？为什么？
3. 怎么做才能建好一个微信群？
4. 怎么做才能给微信群起名字？
5. 在微信群里我们不应该做什么？

二、动词搭配 (Match Each Word with the Most Appropriate Verb)

接触　　分享　　深入　　尊重　　带来
发布　　进行　　邀请　　注意　　遵守

1. _____群规
2. _____社会
3. _____心得
4. _____生活
5. _____他人
6. _____信息
7. _____活动
8. _____同学
9. _____安全
10. _____活力

三、选词填空 (Fill in Each Blank with the Most Appropriate Word)

讨论　　联系　　视频　　微信　　媒体

1. 每天起床以后，我做的第一件事就是打开手机，查看一下_____，看看有没朋友要跟我_____或朋友们在做什么以及朋友们分享的照片和_____；然后再查看一下社交_____上最新的有意思的视频和信息，看看人们在_____什么最新的话题。

城市　　知识　　答案　　之间　　可少

2. 社交媒体已经成为我日常生活中必不_____的一部分。它让我和朋友能经常联系，虽然有时我们在不同的_____，也能感受到互相_____的关心。而且，我还能在社交媒体上跟别人分享_____。如果我有什么问题，也能在社交媒体上找到_____。

四、完成对话 (Complete the Dialogues)

1. A: 你用过中国的社交媒体吗?
   B: 对不起，我_____。
   (从未…V过)
2. A: 我还没用过微信。你知道不知道怎么用微信?
   B: 微信我_____，我可以教你怎么使用。
   (从…到)
3. A: 你的新手机应用都有什么功能?
   B: _____，用起来非常方便。
   (集…于一体)
4. A: 你觉得社交媒体怎么样?
   B: _____。
   (对于…来说)
5. A: 有人说应该让孩子少用手机。你觉得这是为什么?
   B: 因为有的孩子每天_____，所以父母_____。
   (不得不)
6. A: 社交媒体上都有什么?
   B: _____。
   (不管…都)
7. A: 你觉得父母应该不应该让孩子用社交媒体?
   B: _____。
   (作为，限制)

五、用所给词语英译中 (Translate the Sentences into Chinese with the Given Words)

1. Wang Gang has never been to the United States, but he knows a lot about American history. (从未; 了解)
2. Although Lao Zhang doesn't really like some of the videos on social media, he still uses it every day to post photos and chat with friends. (虽然…但是; 发)

3. I've heard of a social media platform where young women share their shopping tips. Do you know what it is? (平台; 分享)
4. Many young people like to use Weibo because they can interact and communicate with other young users on it. (与…互动; 交流)
5. If you want to create a WeChat group to chat with your friends, you need to install WeChat on your phone first. (建; 安装)

六、小作文 (Short Composition)

Write a short Chinese composition of about 100 characters introducing a social media platform you frequently use. Include your opinion of the platform, the types of posts people commonly share on it, its main features, how to install it, how to use it, etc.

七、问题与思考 (Questions and Reflections)

1. 你觉得使用社交媒体会对你的日常生活产生什么样的影响?
2. 你认为社交媒体可以通过哪些方式影响社会?
3. 你认为怎么做才能让你在社交媒体上分享的信息是准确和可靠的?

Pinyin Texts

Kèwén yī

Zài jīntiān de Zhōngguó, hěn nán xiǎngxiàng yǒu rén cóng wèi jiēchù guò shèjiāo méitǐ. Cóng kàn xīnwén, liánxì qīn yǒu, dào gòuwù, yúlè, rénmen yuè lái yuè líbukāi shèjiāo méitǐ le.

Zhōngguó de shèjiāo méitǐ xíngshì duō yàng, gōngnéng fēngfù. Wēixìn hé Wēibó shì liǎng dà zhǔliú shèjiāo píngtái. Wēixìn jí shèjiāo, tōngxùn, zhīfù děng gōngnéng yú yì tǐ, shì jīhū měi gè Zhōngguó rén dōu bì bu kě shǎo de shèjiāo gōngjù. Wēibó hěn xiàng Měiguó de shèjiāo píngtái "X", yònghù kěyǐ zài shàngmiàn fābù wénzì, túpiàn, shìpín děng duōméitǐ nèiróng, yě kěyǐ gēn qítā yònghù hùdòng hé jiāoliú. Wēibó yě shì xǔduō míngxīng hé wǎnghóng jíjù de dìfāng.

Duìyú xǐhuan duǎn shìpín de rén lái shuō, Dǒuyīn hé Kuàishǒu shì tāmen de tiāntáng. Zài zhè xiē píngtái shang, nǐ kěyǐ kàn dào gè zhǒng duǎn shìpín, bǐrú tiàowǔ, zuòfàn, yùndòng, nèiróng fēngfù, yě hěn yǒu yìsi. Xiǎohóngshū yě hěn shòu niánqīng nǚxìng de huānyíng, zhè shì yí gè fēnxiǎng gòuwù xīndé, měizhuāng mìjué, lǚxíng jīngyàn de shèqū. Hái yǒu yí gè bùdébù shuō de píngtái jiào Zhīhū, shì yí gè fēnxiǎng zhīshi de dìfang. Bùguǎn nǐ yǒu shénme wèntí, dōu kěyǐ zài zhè lǐ zhǎodào dá'àn, huòshì kàndào zhuānjiā men de tǎolùn.

Chú le yǐshàng zhè xiē yǐwài, Zhōngguó hái yǒu hěn duō biéde shèjiāo méitǐ. Tāmen gǎibiàn le rénmen de shēnghuó fāngshì, yě wèi Zhōngguó de shèhuì hé wénhuà dài lái le xīn de huólì.

Kèwén èr

Kǎilún:	Wáng Gāng, wǒ yǒu ge xiǎngfǎ, wǒ xiǎng jiàn yí gè wǒmen bān tóngxué de Wēixìn qún, zhè yàng dàjiā jiāoliú qǐlái huì gèng fāngbiàn. Nǐ néng bāng bang wǒ ma?
Wáng Gāng:	Hǎo a! Nǐ děi xiān zài shǒujī shang ānzhuāng Wēixìn yīngyòng.
Kǎilún:	Wēixìn wǒ yǐjīng ānzhuāng le, érqiě yě zhùcè guò le.
Wáng Gāng:	Nà nǐ dǎkāi Wēixìn, diǎnjī yòu shàng jiǎo de jiāhào, xuǎnzé "fāqǐ qún liáo", ránhòu cóng tōngxùn lù lǐ xuǎnzé nǐ yào yāoqǐng de tóngxué, diǎnjī "wánchéng" jiù hǎo le.
Kǎilún:	Wǒ hái xiǎng gěi zhè ge qún qǐ ge jì hǎotīng yòu hǎo jì de míngzi, yào zěnme zuò ne?
Wáng Gāng:	Hěn jiǎndān, qù qúnliáo shèzhì lǐ jiù néng gǎi míng.
Kǎilún:	Nà jiàn hǎo qún hòu, hái yǒu shénme yào zhùyì de ma?
Wáng Gāng:	Nǐ zuòwéi qúnzhǔ, děi gěi dàjiā dìng qún guī, zài qún lǐ gàosu dàjiā.
Kǎilún:	Qún guī dōu yào xiě shénme ne?
Wáng Gāng:	Bǐrú, bú yào zài qún lǐ fā bù héshì de nèiróng, hái yǒu yào zūnzhòng měi ge rén de kànfǎ. Zhǐyào dàjiā dōu zūnshǒu qún guī, Wēixìn qún jiù néng chéngwéi wǒmen yúkuài jiāoliú de hǎo dìfāng.
Kǎilún:	Nǐ shuō de duì, zhè tài zhòngyào le. Duō xiè nǐ bāng máng!

第五课　机器翻译

> 课文一

机器翻译就是利用电脑技术把一种语言转换成[1]另一种语言。早在上世纪五十年代，科学家们就已经开始研发机器翻译了。自从[2]那时以来，机器翻译已从最初的词对词翻译，发展到考虑整个句子的结构和上下文意义的翻译。

根据不同的方法和原理，机器翻译可以大致分为三种类型。第一种是基于[3]规则的翻译，通过使用语言学的规则来进行翻译。第二种是基于统计的翻译，通过分析大量的语言数据进行翻译。第三种被称为神经机器翻译，它让电脑软件模仿人脑的神经网络，通过学习大量的语言材料来进行翻译。神经机器翻译是现在最新的翻译技术，已被各大机器翻译平台所采用。

谈到⁴平台，大家可能会想到谷歌翻译、微软翻译和DeepL。其实，在中文互联网上也有不少非常优秀的翻译平台，如百度翻译、有道翻译、以及搜狗翻译等。以上这些平台都支持多种语言的文本翻译，同时也提供语音和图片翻译。值得注意的是⁵，这些平台都开发了用于手机的翻译应用，以便⁶更好地满足人们对翻译的日常需求。

VOCABULARY

1.	机器翻译	機器翻譯	jīqì fānyì	NP	machine translation
2.	利用		lìyòng	V	to utilize; to make use of
3.	技术	技術	jìshù	N	technology; technique
4.	转换	轉換	zhuǎnhuàn	V	to change; to transform
5.	科学家	科學家	kēxuéjiā	N	scientist
6.	研发	研發	yánfā	V	to research and develop
7.	词对词	詞對詞	cí duì cí	NP	word for word
8.	考虑	考慮	kǎolǜ	N/V	consideration; to consider
9.	整个	整個	zhěnggè	A	entire; whole
10.	上下文		shàngxiàwén	N	context
11.	方法		fāngfǎ	N	method
12.	原理		yuánlǐ	N	principle; theory
13.	大致		dàzhì	Adv	approximately
14.	分为	分為	fēn wéi	VP	to divide into
15.	类型	類型	lèixíng	N	type; form
16.	基于	基於	jīyú	Prep	on the basis of
17.	规则	規則	guīzé	N	rule; regulation
18.	统计	統計	tǒngjì	N/V	statistics; to count
19.	分析		fēnxī	N/V	analysis; to analyze
20.	大量		dàliàng	A	large amount of

(continued)

21.	数据	數據	shùjù	N	data
22.	神经	神經	shénjīng	N	nerve
23.	网络	網絡	wǎngluò	N	network; internet
24.	模仿		mófǎng	N/V	imitation; to imitate
25.	人脑	人腦	rén nǎo	NP	human brain
26.	材料		cáiliào	N	material
27.	采用	採用	cǎiyòng	V	to adopt; to use
28.	优秀	優秀	yōuxiù	A	outstanding; excellent
29.	互联网	互聯網	hùliánwǎng	N	internet
30.	支持		zhīchí	N/V	support; to support
31.	文本		wénběn	N	text
32.	图片	圖片	túpiàn	N	picture; image
33.	值得		zhídé	V	to deserve; to be worth
34.	注意		zhùyì	N/V	attention; to pay attention to
35.	以便		yǐbiàn	Conj	so that; in order to
36.	满足		mǎnzú	V	to satisfy
37.	需求		xūqiú	N	needs; demand
Proper Nouns					
1.	谷歌翻译	谷歌翻譯	Gǔgē Fānyì		Google Translate
2.	微软翻译	微軟翻譯	Wēiruǎn Fānyì		Microsoft Translator
3.	百度翻译	百度翻譯	Bǎidù Fānyì		Baidu Translate (Chinese online translation platform developed by Baidu)
4.	有道翻译	有道翻譯	Yǒudào Fānyì		Youdao Translate (Chinese online translation platform developed by NetEase)
5.	搜狗翻译	搜狗翻譯	Sōugǒu Fānyì		Sogou Translate (Chinese online translation platform launched by Sogou, Inc.)

课文二

凯伦： 李老师，您今天的课太有意思了，我学到了不少新东西。
李老师： 是吗，学到了什么新东西？
凯伦： 您说的有些翻译平台，我原来都不知道！这些平台对我学中文非常有用。
李老师： 对了，下节课你们要做课堂报告，就是谈翻译平台。你想谈什么呢？
凯伦： 我对谷歌翻译和百度翻译都有兴趣，想谈谈这两个平台。
李老师： 你有什么具体计划吗？
凯伦： 还没想好。想听听老师您的建议。
李老师： 我觉得你可以选一篇英语文章，在这两个平台翻译成中文，然后比较两个译文，看看它们有哪些相同和不相同的地方。
凯伦： 嗯，这听起来很不错。老师，我需要特别注意什么？
李老师： 在比较两个译文的时候，有两个关键方面需要注意，一个是译文的准确性，另一个是译文的可读性。
凯伦： 好的，谢谢老师的建议，我会好好准备的。

VOCABULARY

1.	课堂报告	課堂報告	kètáng bàogào	NP	class presentation
2.	具体	具體	jùtǐ	A	concrete; specific
3.	译文	譯文	yìwén	N	translated text; translation
4.	相同		xiāngtóng	A	same; identical
5.	关键	關鍵	guānjiàn	A/N	crucial; crucial point
6.	准确性	準確性	zhǔnquèxìng	N	accuracy; correctness
7.	可读性	可讀性	kědúxìng	N	readability
Proper Noun					
1.	李老师	李老師	Lǐ lǎoshī		Teacher Li (male Chinese university teacher)

词语与句型

1. 把…转换成 (change … into)

In this construction, the preposition 把 introduces the object being acted upon by the verb 转换. The verb 成 and what follows it form a complement indicating the result.

1. 这个新技术可以把垃圾转换成有用的建筑材料。
   Zhè ge xīn jìshù kěyǐ bǎ lājī zhuǎnhuàn chéng yǒuyòng de jiànzhù cáiliào.
   (This new technology can transform waste into useful building materials.)
2. 和老师谈话以后，大卫把他的简单想法转换成了具体的计划。
   Hé lǎoshī tánhuà yǐhòu, Dàwèi bǎ tā de jiǎndān xiǎngfǎ zhuǎnhuàn chéng le jùtǐ de jìhuà.
   (After talking with the teacher, David turned his simple idea into a concrete plan.)

2. 自从…以来 (since; ever since)

This expression indicates a period of time that starts from a specific past point and extends to the present. Used as an adverbial, it emphasizes the continuity of an action during that period.

1. 自从大卫到北京留学以来，他越来越喜欢这个古老而美丽的城市。

   Zìcóng Dàwèi dào Běijīng liúxué yǐlái, tā yuè lái yuè xǐhuān zhè ge gǔlǎo ér měilì de chéngshì.

   (Since David came to study in Beijing, he has become more and more fond of this ancient and beautiful city.)

2. 自从二十一世纪初以来，人工智能的技术出现了飞速的发展。

   Zìcóng èrshíyī shìjì chū yǐlái, réngōng zhìnéng de jìshù chūxiàn le fēisù de fāzhǎn.

   (Since the beginning of the 21st century, the technology of artificial intelligence has developed rapidly.)

3. 基于 (on the basis of)

The preposition 基于 introduces the condition, foundation, or principle on which something is developed or determined.

1. 基于市场调查，我们公司决定开发这种新产品。

   Jīyú shìchǎng diàochá, wǒmen gōngsī juédìng kāifā zhè zhǒng xīn chǎnpǐn.

   (Based on market research, our company decided to develop this new product.)

2. 这部小说是基于一个真实的历史事件创作的。

   Zhè bù xiǎoshuō shì jīyú yí gè zhēnshí de lìshǐ shìjiàn chuàngzuò de.

   (This novel was created on the basis of a real historical event.)

4. 谈到 (speaking of; when it comes to)

This idiomatic expression is used to introduce a topic or a subject that is about to be discussed or mentioned in the sentence.

1. 谈到环境保护，我们首先应该做的就是减少污染并保护资源。

   Tán dào huánjìng bǎohù, wǒmen shǒuxiān yīnggāi zuò de jiùshì jiǎnshǎo wūrǎn bìng bǎohù zīyuán.

   (When it comes to environmental protection, the first thing we should do is reduce pollution and protect resources.)

2. 谈到中国美食，很多人马上会想到四川菜。

   Tán dào Zhōngguó měishí, hěn duō rén mǎshàng huì xiǎngdào Sìchuān cài.

   (Speaking of Chinese cuisine, many people immediately think of Sichuan food.)

5. 值得注意的是 (It is worth noting that; it deserves attention that)

This expression is used to highlight or draw attention to a particular point or fact that will be stated in the sentence.

1. 这个药的疗效不错，但值得注意的是，这个药可能会有一些副作用。

    Zhè ge yào de liáoxiào búcuò, dàn zhídé zhùyì de shì, zhè ge yào kěnéng huì yǒu yì xiē fù zuòyòng.

    (This medicine works wonders, but it is worth noting that the medicine may have some side effects.)

2. 值得注意的是，这家公司今年的利润增长了百分之五十。

    Zhídé zhùyì de shì, zhè jiā gōngsī jīnnián de lìrùn zēngzhǎng le bǎifēnzhī wǔshí.

    (It deserves attention that this company's profits have increased by 50% this year.)

6. 以便 (so that; in order to)

Serving to link two clauses in the sentence, the conjunction 以便 is used to introduce the purpose or objective of an action.

1. 他从座位上站起来，以便看得更清楚。

    Tā cóng zuòwèi shàng zhàn qǐlái, yǐbiàn kàn dé gèng qīngchǔ.

    (He stood up from his seat in order to see better.)

2. 我用短信把我的地址发给他了，以便他能很容易找到我家。

    Wǒ yòng duǎnxìn bǎ wǒ de dìzhǐ fā gěi tā le, yǐbiàn tā néng hěn róngyì zhǎo dào wǒ jiā.

    (I texted him my address so that he could easily find my home.)

7. V+到

The word 到 is often used after a verb as a resultative complement to indicate that the action of the main verb has produced a successful result.

1. 我找了整整一天才找到我丢失的笔记本。

    Wǒ zhǎo le zhěngzhěng yì tiān cái zhǎo dào wǒ diūshī de bǐjìběn.

    (It took me a whole day to find my lost notebook.)

2. 他抬头一看，正好看到天上有一架飞机飞过。

    Tā tái tóu yí kàn, zhènghǎo kàn dào tiān shàng yǒu yí jià fēijī fēi guò.

    (He looked up and just saw a plane flying over in the sky.)

练习

一、回答课文问题 (Answer Questions Based on the Texts)

课文一

1. 什么是机器翻译？它的研发是什么时候开始的？
2. 机器翻译有三种类型。它们是根据什么来划分的？
3. 什么是基于规则的机器翻译？
4. 基于统计的机器翻译通过什么来进行翻译？
5. 为什么第三种机器翻译被称为神经机器翻译？
6. 在英文和中文网络上有哪些主要的机器翻译平台？
7. 这些平台都提供什么样的翻译服务？

课文二

1. 为什么凯伦觉得李老师今天的课很有意思？
2. 凯伦她们下节课要做什么？谈什么？
3. 凯伦对什么题目感兴趣？
4. 李老师建议凯伦做什么？
5. 根据李老师的建议，在比较两篇译文的时候需要注意什么？

二、动词搭配 (Match Each Word with the Most Appropriate Verb)

研发　　统计　　采用　　准备　　利用
比较　　分为　　翻译　　考虑　　模仿

1. _____问题
2. _____机会
3. _____三类
4. _____好坏
5. _____考试
6. _____人脑
7. _____产品
8. _____方法
9. _____人数
10. _____文章

三、选词填空 (Fill in Each Blank with the Most Appropriate Word)

上下　　基于　　准确　　转换　　分析

1. 无论是人工翻译还是机器翻译，好的翻译都不仅仅是词对词的_____。好的翻译_____对原文的完整理解，这样的翻译会_____整个句子的结构和_____文的意义，还会考虑原文的文化背景。只有完整理解了原文，才能确保译文的_____性和可读性。

大量　　值得　　需求　　早在　　自从

2. 北京是中国的首都，是一个_____去旅游的城市。_____数个世纪之前，北京就已经是中国的政治和文化中心了。_____上世纪80年代以来，通过不断地发展，北京已变成了一个现代化的城市。北京不仅有_____的名胜古迹，还拥有便捷的交通设施以及服务很好的酒店和餐馆，可以满足游客的各种_____。

四、完成对话 (Complete the Dialogues)

1. A：你觉得我的想法怎么样？听起来很不错吧？
   B：你光说是不行的，得_____。
   （把…转换成）

2. A：我这次回到家乡，觉得家乡的变化挺大的。
   B：是啊，_____。
   （自从…以来）

3. A：我想买一台新电脑，但不知道买哪一种电脑好！
   B：_____。
   （基于）

4. A: 王钢，现在大家都很关心环境保护的问题。你怎么看？

   B: _____。

   （谈到）

5. A: 听说小米推出的新款手机很不错，我有几个朋友都想买。

   B: 还行。不过，_____。

   （值得注意的是）

6. A: 大卫，我们放假后一起去上海旅游，怎么样？

   B: 很好啊，_____。

   （以便）

7. A: 你怎么知道你哥哥下星期要来看你？

   B: _____，信里说_____。

   （V到）

五、用所给词语英译中 (Translate the Sentences into Chinese with the Given Words)

1. In order to protect the environment of our city, the government must put its policy about environmental protection into real action. (转换成)

2. This American company translated the new product's user manual into Chinese in line with the request of many Chinese customers. (根据)

3. Based on his interest in American culture, Wang Gang has decided to go to study in the United States next year. (基于)

4. After receiving a Chinese letter from my friend in Beijing, I translated the letter into English so that my grandpa could read it. (以便)

5. The readability of a translated text is important. If it is difficult to read, readers will lose interest even if the translation is accurate. (可读性)

六、小作文 (Short Composition)

Select a brief English text related to a cultural subject. Translate it into Chinese using both Google Translate and Baidu Translate. Then, write a short Chinese composition, about 120 characters in length, comparing the two translations across three criteria: accuracy, readability, and the preservation of authentic cultural nuances.

七、问题与思考 (Questions and Reflections)

1. 你认为机器翻译的发展对学习外语和文化交流有什么影响？
2. 机器翻译能不能完全替代人工翻译？为什么？
3. 有人担心机器翻译会完全取代人工翻译，使翻译工作者失去工作。请谈谈你对这个问题的看法。

Pinyin Texts

Kèwén yī

Jīqì fānyì jiù shì lìyòng diànnǎo ruǎnjiàn bǎ yì zhǒng yǔyán zhuǎnhuàn chéng lìng yì zhǒng yǔyán. Zǎo zài shàng shìjì wǔshí niándài, kēxuéjiā men jiù yǐjīng kāishǐ yánfā jīqì fānyì le. Zìcóng nà shí yǐlái, jīqì fānyì yǐ cóng zuìchū de cí duì cí fānyì, fāzhǎn dào kǎolǜ zhěnggè jùzi de jiégòu hé shàngxiàwén yìyì de fānyì.

Gēnjù bù tóng de fāngfǎ hé yuánlǐ, jīqì fānyì kěyǐ dàzhì fēn wéi sān zhǒng lèixíng. Dì yī zhǒng shì jīyú guīzé de fānyì, tōngguò shǐyòng yǔyán xué de guīzé lái jìnxíng fānyì. Dì èr zhǒng shì jīyú tǒngjì de fānyì, tōngguò fēnxī dàliàng de yǔyán shùjù jìnxíng fānyì. Dì sān zhǒng bèi chēng wéi shénjīng jīqì fānyì, tā ràng diànnǎo ruǎnjiàn mófǎng rén nǎo de shénjīng wǎngluò, tōngguò xuéxí dàliàng de yǔyán cáiliào lái jìnxíng fānyì. Shénjīng jīqì fānyì shì xiànzài zuì xīn de fānyì jìshù, yǐ bèi gè dà jīqì fānyì píngtái suǒ cǎiyòng.

Tándào píngtái, dàjiā kěnéng huì xiǎngdào Gǔgē Fānyì, Wēiruǎn Fānyì hé DeepL. Qíshí, zài Zhōngwén hùliánwǎng shàng yě yǒu bù shǎo fēicháng yōuxiù de fānyì píngtái, rú Bǎidù Fānyì, Yǒudào Fānyì, yǐjí Sōugǒu Fānyì děng. Yǐshàng zhè xiē píngtái dōu zhīchí duō zhǒng yǔyán de wénběn fānyì, tóngshí yě tígōng yǔyīn hé túpiàn fānyì. Zhídé zhùyì de shì, zhè xiē píngtái dōu kāifā le yòng yú shǒujī de fānyì yìngyòng, yǐbiàn gèng hǎo de mǎnzú rénmen duì fānyì de rìcháng xūyào.

Kèwén èr

Kǎilún:	Lǐ lǎoshī, nín jīntiān de kè tài yǒu yìsi le. Wǒ xué dào bù shǎo xīn dōngxi.
Lǐ lǎoshī:	Shì ma, xué dào le shénme xīn dōngxi?
Kǎilún:	Nín shuō de yǒu xiē fānyì píngtái, wǒ yuánlái dōu bù zhīdào! Zhè xiē píngtái duì wǒ xué Zhōngwén fēicháng yǒu yòng.

Lǐ lǎoshī:	Duì le, xià jié kè nǐmen yào zuò kètáng bàogào, jiù shì tán fānyì píngtái. Nǐ xiǎng tán shénme ne?
Kǎilún:	Wǒ duì Gǔgē Fānyì hé Bǎidù Fānyì dōu yǒu xìngqù, xiǎng tántan zhè liǎng gè píngtái.
Lǐ lǎoshī:	Nǐ yǒu shénme jùtǐ jìhuà ma?
Kǎilún:	Hái méi xiǎng hǎo. Xiǎng tīng ting lǎoshī nín de jiànyì.
Lǐ lǎoshī:	Wǒ juéde nǐ kéyǐ xuǎn yì piān Yīngyǔ wénzhāng, zài zhè liǎng gè píngtái fānyì chéng Zhōngwén, ránhòu bǐjiào liǎng gè yìwén, kàn kan tāmen yǒu nǎ xiē xiāngtóng hé bù xiāngtóng de dìfang.
Kǎilún:	Ēn, zhè tīng qǐlái hěn bú cuò. Lǎoshī, wǒ xūyào tèbié zhùyì shénme?
Lǐ lǎoshī:	Zài bǐjiào liǎng gè yìwén de shíhou, yǒu liǎng gè guānjiàn fāngmiàn xūyào zhùyì, yí gè shì yìwén de zhǔnquèxìng, lìng yí gè shì yìwén de kědúxìng.
Kǎilún:	Hǎo de, xièxiè lǎoshī de jiànyì, wǒ huì hǎohāo zhǔnbèi de.

第六课　电子商务

课文一

电子商务，简称为¹电商，是通过²互联网进行的商业活动。它是二十世纪九十年代初出现的。最初的电子商务主要是在企业之间进行的，这种交易被称为³B2B。

随着互联网的发展，电子商务逐渐走进普通人的家庭，成为人们日常生活的一部分。人们可以通过手机或电脑在电商平台上购买各种商品，如衣服、鞋子、书籍等。此外⁴，还可以通过电商平台预订机票、旅馆、点餐等。这些都给人们的生活带来了极大的便利。

电子商务没有了时空限制，人们可以随时随地⁵进行交易。同时，电商平台上的商品种类繁多，满足了消费者多样化的需求。此外，商家还能够很快地了解消费者的喜好，实现个性化服务。通过电商平台，中小企业和个人都能参与国际市场竞争，同时[6]也促进了物流、电子支付等相关行业的发展。电子支付方式如支付宝、微信支付等，既[7]方便又安全，使交易更加便利。

电子商务是一场商业革命，改变了人们的生活方式和消费习惯。随着技术的进步和消费者的需求变化，电子商务将会继续发展。

VOCABULARY

1.	电子商务	電子商務	diànzǐ shāngwù	NP	e-commerce
2.	简称	簡稱	jiǎn chēng	N/V	abbreviation; to abbreviate
3.	通过	通過	tōngguò	Prep	by means of; through; via
4.	最初		zuìchū	A/Adv	initial; initially; at first
5	商业	商業	shāngyè	N	business; trade; commerce
6.	企业	企業	qǐyè	N	enterprise; corporation
7.	交易		jiāoyì	N	(business) transaction; business deal
8.	逐渐	逐漸	zhújiàn	Adv	gradually
9.	商品		shāngpǐn	N	commodity; goods; merchandise
10.	书籍	書籍	shūjí	N	books
11.	此外		cǐwài	Conj	besides; in addition; moreover
12.	预订	預訂	yùdìng	N/V	reservation; booking; to reserve; to book

(continued)

13.	点餐	點餐	diǎn cān	VO	to order food; to place an order
14.	极大的		jí dà de	AP	maximum; enormous
15.	便利		biànlì	A	convenient; easy
16.	时空	時空	shíkōng	N	time and place
17.	随时随地	隨時隨地	suíshí suídì	AdvP	anytime and anywhere
18.	种类繁多	種類繁多	zhǒnglèi fánduō	NP	diverse range; wide variety
19.	消费者	消費者	xiāofèizhě	N	consumer
20.	多样化	多樣化	duōyànghuà	A/N	diverse; diversity
21.	喜好	喜好	xǐhào	N/V	liking; preference; to like; to prefer
22.	实现	實現	shíxiàn	V	to achieve; to implement; to realize
23.	个性化	個性化	gèxìnghuà	A/N	personalized; personalization
24.	参与	參與	cānyù	V	to take part in; to participate in
25.	市场竞争	市場競爭	shìchǎng jìngzhēng	NP	market competition
26.	促进	促進	cùjìn	V	to promote; to boost
27.	物流		wùliú	N	logistics
28.	相关	相關	xiāngguān	A	related; relevant
29.	行业	行業	hángyè	N	industry; sector
30.	革命		gémìng	N	revolution
31.	消费	消費	xiāofèi	V	to consume; to spend
32.	继续	繼續	jìxù	V	to continue; to proceed with

(continued)

Proper Nouns

1.	支付宝	支付寶	Zhīfùbǎo	Alipay (Chinese digital wallet service provided by Ant Group)
2.	微信支付		Wēixìn Zhīfù	WeChat Pay (Chinese digital wallet service provided by Tencent)

课文二

王钢： 凯伦，你常常在网上买东西吧？
凯伦： 是啊。
王钢： 你都在哪些购物平台买东西呢？
凯伦： 在美国的时候，我常常在亚马逊上买东西。
王钢： 那你选择购物平台时会考虑什么？
凯伦： 会考虑平台和商家的信誉和商品种类。
王钢： 是的，选择可靠的购物平台很重要。在中国你在哪个平台购物？
凯伦： 淘宝、京东、或拼多多。因为这三个平台都很大，商品很多，客服也很专业。
王钢： 对，这几大平台都是最受中国人欢迎的购物平台。你怎么下单呢？
凯伦： 我先在平台上找想买的东西，然后比较不同卖家的商品和评价，选好后放入购物车，最后填写收货地址和支付方式。
王钢： 你用什么电子支付方式呢？
凯伦： 我通常用支付宝或微信支付，既方便又安全，支付宝和微信支付也支持国际支付。
王钢： 太好了。谢谢你分享对网上购物平台的看法和经验！
凯伦： 不客气。

VOCABULARY

1.	信誉	信譽	xìnyù	N	prestige; reputation
2.	种类	種類	zhǒnglèi	N	type; kind; category
3.	客服		kèfú	N	customer service
4.	专业	專業	zhuānyè	A/N	professional; specialty; major
5.	下单	下單	xià dān	VO	to place an order; to order
6.	评价	評價	píngjià	N/V	evaluation; to evaluate
7.	填写	填寫	tiánxiě	V	to fill in

(continued)

8.	收货	收貨	shōu huò	VO	to receive (goods)
9.	国际	國際	guójì	A	international
Proper Nouns					
1.	亚马逊	亞馬遜	Yàmǎxùn		Amazon.com, Inc.
2.	淘宝	淘寶	Táobǎo		Taobao (Chinese online shopping platform operated by Alibaba Group)
3.	京东	京東	Jīngdōng		JD.com (Chinese online shopping platform operated by JD.com, Inc.)
4.	拼多多		Pīnduōduō		Pinduoduo (Chinese online shopping platform operated by Pinduoduo, Inc.)

词语与句型

1. 简称为 (abbreviated as; shortened to)

This verb phrase is particularly useful in contexts where the full name is long, and the abbreviation is commonly recognized.

1. 奥林匹克运动会简称为奥运会。

    Àolínpǐkè Yùndònghuì jiǎnchēng wéi Àoyùnhuì.

    (The Olympic Games are abbreviated as the Olympics.)

2. 美国的官方名称是美利坚合众国，简称为美国。

    Měiguó de guānfāng míngchēng shì Měilìjiān Hézhòngguó, jiǎnchēng wéi Měiguó.

    (The official name of the United States is the United States of America, shortened to the USA.)

2. 通过 (by means of; through; via)

This word 通过 introduces a prepositional phrase indicating a method or means, through which an action is executed, or an objective is achieved.

1. 电子商务通过网上支付让购物变得更方便。

Diànzǐ shāngwù tōngguò wǎngshàng zhīfù ràng gòuwù biàn de gèng fāngbiàn.

(E-commerce has made shopping more convenient through online payment methods.)

2. 通过努力学习，他成功地考上了大学。

Tōngguò nǔlì xuéxí, tā chénggōng de kǎoshàng le dàxué.

(He successfully got into college through hard study.)

3. 被称为 (be called)

This expression indicates that something or someone has been given a specific name or title. In this structure, 被 is a passive auxiliary verb, indicating the passive acceptance of an action or state, while 称为 is a verb phrase meaning to be named or called.

1. 上海被称为中国的纽约。

Shànghǎi bèi chēng wéi Zhōngguó de Niǔyuē.

(Shanghai is called the New York of China.)

2. 亚马逊被称为全球最大的电子商务平台。

Yàmǎxùn bèi chēng wéi quánqiú zuì dà de diànzǐ shāngwù píngtái.

(Amazon is referred to as the world's largest e-commerce platform.)

4. 此外 (in addition; furthermore)

This conjunction is used to indicate addition or supplementation. It introduces information that is related to but independent of the preceding content. It is often employed to connect two parallel viewpoints, facts, or pieces of information in order to provide a more comprehensive explanation or offer additional details.

1. 这个公司的产品质量很好，此外，他们还提供良好的售后服务。

Zhè gè gōngsī de chǎnpǐn zhìliàng hěn hǎo, cǐwài, tāmen hái tígōng liánghǎo de shòuhòu fúwù.

(The company's product quality is excellent. In addition, they also provide outstanding after-sales service.)

2. 在电商平台上购物很方便，此外，还能享受各种优惠活动。

Zài diànshāng píngtái shàng gòuwù hěn fāngbiàn, cǐwài, hái néng xiǎngshòu gè zhǒng yōuhuì huódòng.

(Shopping on e-commerce platforms is very convenient. Furthermore, you can also enjoy various promotional activities.)

5. 随时随地 (anytime and anywhere)

This adverbial phrase is used to emphasize that an activity or operation can be carried out at any time and in any place, highlighting its convenience and flexibility.

1. 有了智能手机，我们可以随时随地查看邮件、浏览新闻。

    Yǒu le zhìnéng shǒujī, wǒmen kěyǐ suíshí suídì chá kàn yóujiàn, liúlǎn xīnwén.

    (With smartphones, we can check emails, browse news, anytime, anywhere.)

2. 在线教育让学习变得更方便，学生可以随时随地自学。

    Zàixiàn jiàoyù ràng xuéxí biàn de gèng fāngbiàn, xuésheng kěyǐ suíshí suídì zìxué.

    (Online education makes learning more convenient, allowing students to self-study anytime, anywhere.)

6. 同时 (while; meanwhile)

The conjunction 同时 connects two clauses to indicate that two or more events or circumstances occur or coexist simultaneously at a specific point in time or in a given situation.

1. 消费者越来越依赖电商平台，同时也对平台的服务和安全性提出了更高的要求。

    Xiāofèizhě yuè lái yuè yīlài diànshāng píngtái, tóngshí yě duì píngtái de fúwù hé ānquánxìng tíchū le gèng gāo de yāoqiú.

    (Consumers are increasingly relying on e-commerce platforms, while also placing higher demands on these platforms' services and security.)

2. 在这个社交平台上，用户可以分享自己的生活点滴，同时也可以关注他人的动态。

    Zài zhè gè shèjiāo píngtái shang, yònghù kěyǐ fēnxiǎng zìjǐ de shēnghuó diǎndī, tóngshí yě kěyǐ guānzhù tārén de dòngtài.

    (On this social media platform, users can share their life moments, while also keeping track of others' activities.)

7. 既…又 (both…and; not only…but also)

This structure is used to indicate that two qualities or actions coexist or occur simultaneously. It is often used for descriptive purposes to highlight the coexistence of two characteristics.

1. 凯伦既会说中文又会说法文。

    Kǎilún jì huì shuō Zhōngwén yòu huì shuō Fǎwén.

    (Karen can speak both Chinese and French.)

2. 这本书既有趣又有教育意义，很适合小孩子读。

    Zhè běn shū jì yǒu qù yòu yǒu jiàoyù yìyì, hěn shìhé xiǎo háizi dú.

    (This book is both interesting and educational. It is very suitable for children to read.)

练习

回答课文问题 (Answer Questions Based on the Texts)

课文一

1. 电子商务最早出现在什么时候？
2. 最初在企业之间进行的电子商务交易模式被称为什么？
3. 现在人们通过手机或电脑在电商平台上可以做什么？
4. 为什么说电子商务突破了时空的限制？
5. 为什么说电商平台上的商品满足了消费者多样化的需求？
6. 中小企业能够通过电商平台做什么？
7. 电子商务对人们的日常生活有什么影响？

课文二

1. 凯伦常在哪些平台上购物？为什么在这些平台上购物？
2. 凯伦在网上购物以前会考虑什么？
3. 凯伦在电商平台上怎样下单购物？
4. 凯伦在电商平台上通常用什么方式付钱？为什么用这种支付方式？
5. 你觉得凯伦对网上购物的看法和经验怎么样？你是怎么知道的？

二、动词搭配 (Match Each Word with the Most Appropriate Verb)

预订　分享　购买　改变　促进
满足　实现　了解　参与　填写

1. _____目标
2. _____竞争
3. _____需求
4. _____习惯
5. _____地址
6. _____旅馆
7. _____经验
8. _____喜好
9. _____商品
10. _____发展

三、选词填空 (Fill in Each Blank with the Most Appropriate Word)

此外　平台　随时　促进　交易

1. 凯伦正在了解中国的电子商务_____。她发现，这些平台通过互联网实现了商品_____，为消费者提供了便利。消费者可以_____随地浏览和购买商品，享受个性化的推荐服务。_____，电子支付方式如支付宝和微信支付使交易更为便利，大大_____了消费。凯伦认为，在市场竞争的背景下，电商的信誉和消费者的评价对于平台的发展很重要。

商品　提供　发展　分享　选择

2. 凯伦对中国电子商务的快速_____感到吃惊。在这里，消费者可以随时随地通过互联网_____和购买各种商品。电子支付工具如支付宝和微信支付为消费者_____了便利，同时也促进了市场竞争。凯伦发现，消费者在下单前会考虑商家的信誉，下单后还可以评价并_____购物体验。此外，个性化推荐也帮助消费者更容易找到自己喜欢的_____。

E-Commerce 电子商务   77

四、完成对话 (Complete the Dialogues)

1. A: 听说你要去南京上大学，是哪所大学？
   B: 对，是南京大学，＿＿＿＿＿＿＿＿＿＿＿＿＿＿＿＿＿＿＿＿。
   　　　　　　　　　(简称)

2. A: 凯伦是用什么方式了解中国电子商务平台的？
   B: ＿＿＿＿＿＿＿＿＿＿＿＿＿＿＿＿＿＿＿＿＿＿＿＿＿＿＿＿。
   　　　　　　　　　(通过)

3. A: 淘宝是中国最大的电商平台，在很多方面很像美国的亚马逊。
   B: 对啊，所以＿＿＿＿＿＿＿＿＿＿＿＿＿＿＿＿＿＿＿＿＿＿。
   　　　　　　　　　(被称为)

4. A: 这家餐厅为什么这么受欢迎？
   B: 因为＿＿＿＿＿＿＿＿＿＿＿＿，＿＿＿＿＿＿＿＿＿＿＿＿＿。
   　　　　　　　　　(此外)

5. A: 用手机查看电子邮件有什么好处？
   B: ＿＿＿＿＿＿＿＿＿＿＿＿＿＿＿＿＿＿＿＿＿＿＿＿＿＿＿＿。
   　　　　　　　　　(随时随地)

6. A: 电子商务平台怎么样为企业提供更好的销售商机？
   B: ＿＿＿＿＿＿＿＿＿＿＿＿＿＿＿＿＿＿＿＿＿＿＿＿＿＿＿＿。
   　　　　　　　　　(同时)

7. A: 为什么人们都很喜欢吃这道菜？
   B: 因为＿＿＿＿＿＿＿＿＿＿＿＿＿＿＿＿＿＿＿＿＿＿＿＿＿＿。
   　　　　　　　　　(既…又)

五、用所给词语英译中 (Translate the Sentences into Chinese with the Given Words)

1. This electronic commerce platform offers a convenient and safe online marketplace for buyers and sellers to engage in transactions. (电商平台；进行交易)

2. If you want to talk with me about electronic commerce, you can always give me a call anytime, anywhere. (随时随地)
3. When you book flight tickets on this e-commerce platform, you can use WeChat Pay, a popular method of electronic payment in China. (订机票；微信支付)
4. With the advancement of internet technology, more and more enterprises are actively participating in the international market competition by utilizing online shopping platforms. (通过；参与…竞争)
5. Electronic commerce has not only spurred the growth of related industrial sectors but also transformed people's lifestyles and consumption habits. (促进…发展；改变)

六、小作文 (Short Composition)

Choose an e-commerce platform, such as Amazon or Pinduoduo, to purchase an item. Then, please use the vocabulary and sentence patterns you have learned to write a short composition of about 100 Chinese characters, describing how you purchased the item on this platform, and briefly evaluate the platform.

七、问题与思考 (Questions and Reflections)

1. 请举三个例子来说明电子商务平台给我们的日常生活带来的好处。
2. 过去，人们习惯在实体店购物。自从电子商务平台出现以来，许多实体店已经关闭。你认为这是一件好事还是坏事？为什么？
3. 许多人不愿意使用电子支付购物，因为他们认为电子支付不安全。请说一说你对电子支付的看法。

Pinyin Texts

Kèwén yī

Diànzǐ shāngwù, jiǎnchēng wéi diànshāng, shì tōngguò hùliánwǎng jìnxíng de shāngyè huódòng. Tā shì èrshí shìjì jiǔshí niándài chū chūxiàn de. Zuìchū de diànzǐ shāngwù zhǔyào shì zài qǐyè zhījiān jìnxíng de, zhè zhǒng jiāoyì bèi chēngwéi B2B.

Suízhe hùliánwǎng de fāzhǎn, diànzǐ shāngwù zhújiàn zǒu jìn pǔtōng rén de jiātíng, chéngwéi rénmen rìcháng shēnghuó de yí bùfēn. Rénmen kěyǐ tōngguò shǒujī huò diànnǎo zài diànshāng píngtái shàng gòumǎi gè zhǒng shāngpǐn, rú yīfu, xiézi, shūjí děng.

Cǐwài, hái kěyǐ tōngguò diànshāng píngtái yùdìng jīpiào, lǚguǎn, diǎn cān děng. Zhè xiē dōu gěi rénmen de shēnghuó dàilái le jí dà de biànlì.

Diànzǐ shāngwù méi you le shíkōng xiànzhì, rénmen kěyǐ suíshí suídì jìnxíng jiāoyì. Tóngshí, diànshāng píngtái shàng de shāngpǐn zhǒnglèi fánduō, mǎnzú le xiāofèizhě duōyànghuà de xūqiú. Cǐwài, shāngjiā hái nénggòu hěn kuài de liǎojiě xiāofèizhě de xǐhào, shíxiàn gèxìnghuà fúwù. Tōngguò diànshāng píngtái, zhōng xiǎo qǐyè hé gèrén dōu néng cānyǔ guójì shìchǎng jìngzhēng, tóngshí yě cùjìn le wùliú, diànzǐ zhīfù děng xiāngguān hángyè de fāzhǎn. Diànzǐ zhīfù fāngshì rú Zhīfùbǎo, Wēixìn Zhīfù děng, jì fāngbiàn yòu ānquán, shǐ jiāoyì gèng jiā biànlì.

Diànzǐ shāngwù shì yì chǎng shāngyè gémìng, gǎibiàn le rénmen de shēnghuó fāngshì hé xiāofèi xíguàn. Suízhe jìshù de jìnbù hé xiāofèizhě de xūqiú biànhuà, diànzǐ shāngwù jiāng huì jìxù fāzhǎn.

Kèwén èr

Wáng Gāng:	Kǎilún, nǐ chángcháng zài wǎngshàng mǎi dōngxi ba?
Kǎilún:	Shì ā.
Wáng Gāng:	Nǐ dōu zài nǎ xiē gòuwù píngtái mǎi dōngxi ne?
Kǎilún:	Zài Měiguó de shíhou, wǒ chángcháng zài Yàmǎxùn shàng mǎi dōngxi.
Wáng Gāng:	Nà nǐ xuǎnzé gòuwù píngtái shí huì kǎolǜ shénme?
Kǎilún:	Huì kǎolǜ píngtái hé shāngjiā de xìnyù hé shāngpǐn zhǒnglèi.
Wáng Gāng:	Shìde, xuǎnzé kěkào de gòuwù píngtái hěn zhòngyào. Zài Zhōngguó nǐ zài nǎ gè píngtái gòuwù?
Kǎilún:	Táobǎo, Jīngdōng, huò Pīnduōduō. Yīnwèi zhè sān gè píngtái dōu hěn dà, shāngpǐn hěn duō, kèfú yě hěn zhuānyè.
Wáng Gāng:	Duì, zhè jǐ dà píngtái dōu shì zuì shòu Zhōngguó rén huānyíng de gòuwù píngtái. Nǐ zěnme xià dān ne?
Kǎilún:	Wǒ xiān zài píngtái shang zhǎo xiǎng mǎi de dōngxī, ránhòu bǐjiào bù tóng mài jiā de shāngpǐn hé píngjià, xuǎn hǎo hòu fàngrù gòuwù chē, zuìhòu tiánxiě shōu huò dìzhǐ hé zhīfù fāngshì.
Wáng Gāng:	Nǐ yòng shénme diànzǐ zhīfù fāngshì ne?
Kǎilún:	Wǒ tōngcháng yòng Zhīfùbǎo huò Wēixìn Zhīfù, jì fāngbiàn yòu ānquán, Zhīfùbǎo hé Wēixìn Zhīfù yě zhīchí guójì zhīfù.
Wáng Gāng:	Tài hǎo le. Xièxie nǐ fēnxiǎng duì wǎngshàng gòuwù píngtái de kànfǎ hé jīngyàn!
Kǎilún:	Bú kèqi.

第七课　网络文学

课文一

中国的网络文学始于二十世纪九十年代，是一种新的文学形式。它以互联网为[1]创作和传播平台，利用数字化[2]及多媒体技术来展示文学作品。

中国网络文学的特点是题材广泛，形式多样，更新快速，互动性[3]强。在内容上[4]，网络文学作品有多种类型，如科幻、玄幻、武侠、都市、言情、历史等。在形式上，作者主要采用连载的方式来[5]发布自己的作品，而读者可以通过评论、点赞与作者进行[6]互动，并以这样的方式影响作品的创作。

中国有很多网络文学平台，其中知名的有起点中文网、纵横中文网、创世中文网、晋江文学城、以及潇湘书院等。这些网站各有特色，提供了大量的文学作品，满足了不同读者的阅读需求，同时也为网络文学作家提供了展示才华的舞台。

在中国，网络文学已成为大众文化的重要组成部分，拥有庞大的读者群体和产业链。许多优秀的网络文学作品被改编成电影、电视剧以及动漫，进一步扩大了其影响力。总之[7]，网络文学正在推动中国文学的创新和发展，为中国文学注入了新的活力。

VOCABULARY

1.	网络文学	網絡文學	wǎngluò wénxué	NP	internet literature; online literature
2.	创作	創作	chuàngzuò	V	to create (literary and artistic works)
3.	传播	傳播	chuánbō	V	to disseminate; to spread
4.	展示		zhǎnshì	V	to display; to show
5.	作品		zuòpǐn	N	(literary and artistic) work
6.	题材		tícái	N	subject matter
7.	更新		gēngxīn	V	to renew; to update: to upgrade
8.	科幻		kēhuàn	N	science fiction
9.	玄幻		xuánhuàn	N	fantasy
10.	武侠		wǔxiá	A/N	martial arts (genre); person adept in martial arts and committed to chivalrous conduct
11.	都市		dūshì	A/N	urban; city
12.	言情		yánqíng	N	romance
13.	连载	連載	liánzǎi	V	to serialize
14.	影响	影響	yǐngxiǎng	N/V	influence; to influence
15.	作者		zuòzhě	N	author

(continued)

16.	读者	讀者	dúzhě	N	reader
17.	评论	評論	pínglùn	N/V	comment; to comment
18.	点赞	點贊	diǎnzàn	V	to like; to upvote
19.	特色		tèsè	N	characteristic; distinctive feature
20.	网站	網站	wǎngzhàn	N	website
21.	阅读	閱讀	yuèdú	N/V	reading; to read
22.	才华	才華	cáihuá	N	talent
23.	舞台	舞臺	wǔtái	N	stage
24.	大众	大眾	dàzhòng	A/N	popular; the masses
25.	组成	組成	zǔchéng	V	to form; to constitute
26.	部分		bùfen	N	part
27.	庞大	龐大	pángdà	A	huge; enormous; massive
28.	群体	群體	qúntǐ	N	community; group
29.	产业链	產業鏈	chǎnyè liàn	NP	industry chain
30.	改编		gǎibiān	N/V	adaptation; to adapt
31.	电视剧	電視劇	diànshìjù	N	TV play; television drama
32.	动漫	動漫	dòngmàn	N	anime; animation and comics
33.	进一步	進一步	jìnyíbù	Adv	further
34.	扩大	擴大	kuòdà	V	to enlarge; to expand
35.	总之	總之	zǒngzhī	Adv	in short; in summary
36.	推动	推動	tuīdòng	V	to push forward; to promote
37.	创新	創新	chuàngxīn	N/V	innovation; to innovate
38.	注入		zhùrù	V	to pour into

(*continued*)

Proper Nouns				
1.	起点中文网	起點中文網	Qǐdiǎn Zhōngwén Wǎng	Qidian Chinese Net (Chinese online literature platform)
2.	纵横中文网	縱橫中文網	Zònghéng Zhōngwén Wǎng	Zongheng Chinese Net (Chinese online literature platform)
3.	创世中文网	創世中文網	Chuàngshì Zhōngwén Wǎng	Chuangshi Chinese Net (Chinese online literature platform)
4.	晋江文学城	晉江文學城	Jìnjiāng Wénxué Chéng	Jinjiang Literature City (Chinese online literature platform)
5.	潇湘书院	瀟湘書院	Xiāoxiāng Shūyuàn	Xiaoxiang Academy (Chinese online literature platform)

课文二

凯伦：　王钢，你能给我推荐一些文学作品吗？我想通过读书来提高我的中文阅读水平。

王钢：　当然可以，凯伦。但我建议你看网络小说。

凯伦：　网络小说？为什么呢？

王钢：　网络小说比较通俗易懂，语言也接近口语，对学中文很有帮助。

凯伦：　哦，这样啊，那我应该去哪里找这些网络小说呢？

王钢：　网上有很多文学网站。如果你对科幻和历史小说感兴趣，可以去起点中文网，它是中国最大的网络文学平台。

凯伦：　但我更喜欢看都市言情小说，尤其是女作家写的。

王钢：　那你可以去晋江文学城或者潇湘书院，那里有很多女作家写的都市言情小说。

凯伦：　太好了。网上有没有什么阅读工具可以帮助我更好地阅读网络小说呢？

王钢：　当然有，你可以试试有道词典、金山词霸，还有百度翻译。这些工具都能帮你快速查找生词，理解句子的意思。

VOCABULARY

1.	推荐	推薦	tuījiàn	V	to recommend
2.	小说	小說	xiǎoshuō	N	novel
3.	通俗易懂		tōngsú yìdǒng	AP	common and easy to understand
4.	接近		jiējìn	V	to approach; to get close to
5.	查找		cházhǎo	V	to search; to look up
6.	理解		lǐjiě	N/V	understanding; to understand
Proper Nouns					
1.	有道词典	有道詞典	Yǒudào Cídiǎn		Youdao Dictionary (Chinese online dictionary and translation service developed by NetEase)

(continued)

| 2. | 金山词霸 | 金山詞霸 | Jīnshān Cíbà | Kingsoft PowerWord (Chinese online dictionary and translation service developed by Kingsoft) |

词语与句型

1. 以⋯为 (to use ... as; to take ... as; to regard ... as)

This grammatical structure is used to indicate that something may be taken or considered as something else.

1. 本公司一贯以客户为中心，提供最优质的服务。
   Běn gōngsī yíguàn yǐ kèhù wéi zhōngxīn, tígōng zuì yōuzhì de fúwù
   (Our company has always been customer-centric and provides the best service.)
2. 他以助人为己任，经常帮助有困难的邻居。
   Tā yǐ zhù rén wéi jǐ rèn, jīngcháng bāngzhù yǒu kùnnán de línjū.
   (He regarded it as his own duty to help others and often assisted neighbors in need.)

2. ⋯化

As a suffix, the word 化 functions to transform the adjective or noun before it into a verb, indicating a process of change or transformation into a different state or condition. The structure ...化 sometimes can also be used as an adjective modifier.

1. 学校图书馆决定把一些古籍数字化，以便更好地保存。
   Xuéxiào túshūguǎn juédìng bǎ yì xiē gǔjí shùzìhuà, yǐbiàn gèng hǎo de bǎocún.
   (The school library decided to digitize some ancient books for better preservation.)
2. 古老的西安已经变成了一个非常现代化的城市。
   Gǔlǎo de Xī'ān yǐjīng biàn chéng le yí gè fēicháng xiàndàihuà de chéngshì.
   (Ancient Xi'an has transformed into a highly modernized city.)

3. ⋯性

The suffix 性 is often used to transform the adjective or verb before it into a noun that describes a specific quality or characteristic derived from the corresponding adjective or verb, such as 实用性 and 创造性. It can also be used after a noun to turn it into an abstract noun, such as 科学性.

1. 我们团队提出了一个新计划，公司经理正在评估它的可行性。

    Wǒmen tuánduì tíchū le yí gè xīn jìhuà, gōngsī jīnglǐ zhèngzài pínggū tā de kěxíngxìng.

    (Our team has submitted a new plan, and company managers are evaluating its feasibility.)

2. 本公司会尽最大的努力确保这种新产品的安全性。

    Běn gōngsī huì jìn zuì dà de nǔlì quèbǎo zhè zhǒng xīn chǎnpǐn de ānquánxìng.

    (Our company will do its best to ensure the safety of this new product.)

4. 在…上 (with regard to; in terms of)

The prepositional phrase 在…上 is used to emphasize the aspect or area in which the statement applies. The phrase can be placed at the beginning of the sentence or before the verb in the sentence.

1. 在教学上，老师采用了很多种方法来激发学生的学习兴趣。

    Zài jiàoxué shàng, lǎoshī cǎiyòng le hěn duō zhǒng fāngfǎ lái jīfā xuésheng de xuéxí xìngqù.

    (In teaching, the teacher used various methods to stimulate students' interest in learning.)

2. 这个产品在技术上非常先进。

    Zhè ge chǎnpǐn zài jìshù shàng fēicháng xiānjìn.

    (This product is very advanced in terms of technology.)

5. 来 (in order to; for the purpose of)

The word 来 may serve as a link between two verb phrases or between a prepositional phrase and a verb phrase, indicating that the first element is the means or method, while the second element is the purpose.

1. 他用电子邮件来联系客户。

    Tā yòng diànzǐ yóujiàn lái liánxì kèhù.

    (He used email to contact clients.)

2. 大卫通过唱中国流行歌曲来学习中文。

    Dàwèi tōngguò chàng Zhōngguó liúxíng gēqǔ lái xuéxí zhōngwén.

(David learns Chinese by singing Chinese pop songs.)

6. 进行 (to carry out; to conduct)

The verb 进行 can take as its object another verb or a noun that signifies an action. The verb after 进行 should be disyllabic such as 互动. Moreover, if the verb after 进行 is a transitive verb with an object such as 讨论问题, the object should be placed before 进行, introduced by the preposition 对.

1. 这两支足球队正在我们学校的足球场进行决赛。
   Zhè liǎng zhī zúqiú duì zhèngzài wǒmen xuéxiào de zúqiú chǎng jìnxíng juésài.
   (The two soccer teams are playing the final match on our school's soccer field.)
2. 开会的时候，他们对这个问题进行了讨论。
   Kāihuì de shíhòu, tāmen duì zhè ge wèntí jinxing le tǎolùn.
   (They discussed this issue at the meeting.)

7. 总之 (in short; in summary)

The adverb 总之 is used to summarize or conclude the preceding information.

1. 总之，我们应该尽力做好每一件事情，不留遗憾。
   Zǒngzhī, wǒmen yīnggāi jìnlì zuò hǎo měi yí jiàn shìqíng, bù liú yíhàn.
   (In short, we should try our best to do everything well and leave no regrets.)
2. 天气预报说今天会下雨，总之，出门别忘了带伞。
   Tiānqì yùbào shuō jīntiān huì xiàyǔ, zǒngzhī, chūmén bié wàng le dài sǎn.
   (The weather forecast says it will rain today. Anyway, don't forget to bring an umbrella when you go out.)

练习

一、回答课文问题 (Answer Questions Based on the Texts)

课文一

1. 为什么说网络文学是一种新的文学形式？
2. 中国网络文学有什么特点？

3. 中国的网络文学作品有哪些类型?
4. 网络文学的作者以什么方式发布自己的作品?
5. 网络文学的读者怎样影响作品的创作?
6. 中国有哪些知名的网络文学平台? 请说出至少三个名字。
7. 优秀的网络文学作品会被改编成什么?

课文二

1. 为什么凯伦让王钢给她推荐文学作品?
2. 为什么王钢建议凯伦看网络小说?
3. 哪一个文学网站是中国最大的网络文学平台?
4. 凯伦喜欢看什么样的小说? 王钢告诉她去什么文学网站?
5. 网上有什么阅读工具可以帮助我们阅读网络小说?

二、动词搭配 (Match Each Word with the Most Appropriate Verb)

阅读　推荐　注入　更新　接近
推动　改编　传播　展示　理解

1. _____ 设备
2. _____ 才华
3. _____ 报纸
4. _____ 餐厅
5. _____ 剧本
6. _____ 目标
7. _____ 意思
8. _____ 活力
9. _____ 创新
10. _____ 文化

三、选词填空 (Fill in Each Blank with the Most Appropriate Word)

1. 这本网络小说很快就要被_____成电影了,大家对这部电影都充满了期待。

    a. 改写　　　　b. 改变　　　　c. 改编

2. 在网络文学平台上,作者能够与读者_____,即时了解他们的想法和建议。

    a. 运动　　　　b. 互动　　　　c. 活动

3. 流行音乐是_____文化的重要组成部分，对人们的思想有很大的影响。

   a. 大众　　　　　b. 大家　　　　　c. 大量

4. 这本网络小说的_____速度很快，读者每天都可以读到新的章节。

   a. 更换　　　　　b. 更新　　　　　c. 重新

5. 晚会上的节目内容丰富，形式_____，不仅有唱歌、跳舞，还有小品和魔术。

   a. 多样　　　　　b. 多少　　　　　c. 各样

6. 如果你想读中国诗歌，我_____你读一读唐诗，特别是李白和杜甫的诗。

   a. 倡议　　　　　b. 建议　　　　　c. 提议

7. 他现在学习很努力，成绩已经_____他们班的第一名。我真为他高兴！

   a. 接触　　　　　b. 走近　　　　　c. 接近

8. 金庸的武侠小说影响非常大，拥有_____的读者群体。

   a. 庞大　　　　　b. 庞杂　　　　　c. 巨大

9. 他在演讲中采用了通俗_____的表达方式，以便听众能够轻松地理解他的意思。

   a. 容易　　　　　b. 简易　　　　　c. 易懂

10. 市场上这些手机品牌都各有_____，你可以根据自己的需求来选择最合适的款式。

   a. 颜色　　　　　b. 特殊　　　　　c. 特色

四、完成对话 (Complete the Dialogues)

1. A: 大卫，凯伦跟你在同一个班。她学习怎么样？
   B: 凯伦学习努力，成绩优秀，在我们班，大家都_____。
       (以…为)

2. A: 我看见你们最近在校园里到处都种树种花，这是怎么回事啊？
   B: _____。
   （美/绿；…化）

3. A: 凯伦，李老师认为翻译的时候要注意哪些方面？
   B: 李老师说要注意译文的_____。
   （…性）

4. A: 我觉得学生应该用手写汉字，而不是用电脑打字。对这个问题，你怎么看？
   B: _____。
   （在…上；看法）

5. A: 为什么大卫经常看中文电影？
   B: 哦，因为他_____。
   （通过/用…来）

6. A: 这两个计划你们打算怎么办？
   B: 我们_____，然后再决定采用哪一个。
   （对…进行；比较）

7. A: 小林告诉过你她为什么不来参加这个晚会吗？
   B: 告诉过。她说了这样那样的理由，_____。
   （总之）

五、用所给词语英译中 (Translate the Sentences into Chinese with the Given Words)

1. Authors of web novels can interact with readers through social media and understand their needs in this way. (与…进行互动)
2. Many students like this school because it provides a stage for them to showcase their talents. (提供…舞台)
3. iPhones are characterized by powerful functions, a stable operating system, and a wide variety of apps. (特点是)
4. If you are interested in martial arts literature, you should try Qidian Chinese Net. It has many martial arts works by well-known writers. (对…感兴趣)

5. Because this web novel by a female writer has many readers, it will be adapted into a movie. (改编成)

六、小作文 (Short Composition)

Select one of the Chinese online literature websites mentioned in the lesson texts. Then, write a short report in Chinese, about 100 characters, describing and commenting on the selected platform. The report should include the following elements: major genres of literary works on the site, main contents and characteristics of these works, how writers publish their works on the platform, and what readers can do there.

七、问题与思考 (Questions and Reflections)

1. 网络文学和传统文学有什么区别？有人认为网络文学的质量很差，远不如传统文学。你怎么看这个问题？
2. 网络文学对年轻人有什么影响？为什么？
3. 如果你是网络文学作家，你会选择写什么类型的作品？为什么？

Pinyin Texts

Kèwén yī

Zhōngguó de wǎngluò wénxué shǐ yú èrshí shìjì jiǔshí niándài, shì yì zhǒng xīn de wénxué xíngshì. Tā yǐ hùliánwǎng wéi chuàngzuò hé chuánbō píngtái, lìyòng shùzìhuà jí duōméitǐ jìshù lái zhǎnshì wénxué zuòpǐn.

Zhōngguó wǎngluò wénxué de tèdiǎn shì tícái guǎngfàn, xíngshì duōyàng, gēngxīn kuàisù, hùdòngxìng qiáng. Zài nèiróng shàng, wǎngluò wénxué zuòpǐn yǒu duō zhǒng lèixíng, rú kēhuàn, xuánhuàn, wǔxiá, dūshì, yánqíng, lìshǐ děng. Zài xíngshì shàng, zuòzhě zhǔyào cǎiyòng liánzǎi de fāngshì lái fābù zìjǐ de zuòpǐn, ér dúzhě kěyǐ tōngguò pínglùn, diǎnzàn yǔ zuòzhě jìnxíng hùdòng, bìng yǐ zhèyàng de fāngshì yǐngxiǎng zuòpǐn de chuàngzuò.

Zhōngguó yǒu hěn duō wǎngluò wénxué píngtái, qízhōng zhīmíng de yǒu Qǐdiǎn Zhōngwén Wǎng, Zònghéng Zhōngwén Wǎng, Chuàngshì Zhōngwén Wǎng, Jìnjiāng Wénxué Chéng, yǐjí Xiāoxiāng Shūyuàn děng. Zhè xiē wǎngzhàn gè yǒu tèsè, tígōng le dàliàng de wénxué zuòpǐn, mǎnzú le bùtóng dúzhě de yuèdú xūqiú, tóngshí yě wèi wǎngluò wénxué zuòjiā tígōng le zhǎnshì cáihuá de wǔtái.

Zài Zhōngguó, wǎngluò wénxué yǐ chéngwéi dàzhòng wénhuà de zhòngyào zǔchéng bùfèn, yōngyǒu pángdà de dúzhě qúntǐ hé chǎnyè liàn. Xǔduō yōuxiù de wǎngluò wénxué zuòpǐn bèi gǎibiān chéng diànyǐng, diànshìjù yǐjí dòngmàn, jìnyíbù kuòdà le qí yǐngxiǎng lì. Zǒngzhī, wǎngluò wénxué zhèngzài tuīdòng Zhōngguó wénxué de chuàngxīn hé fāzhǎn, wèi Zhōngguó wénxué zhùrù le xīn de huólì.

Kèwén èr

Kǎilún:	Wáng Gāng, nǐ néng gěi wǒ tuījiàn yì xiē wénxué zuòpǐn ma? Wǒ xiǎng tōngguò dúshū lái tígāo wǒ de Zhōngwén yuèdú shuǐpíng.
Wáng Gāng:	Dāngrán kěyǐ, Kǎilún. Dàn wǒ jiànyì nǐ kàn wǎngluò xiǎoshuō.
Kǎilún:	Wǎngluò xiǎoshuō? Wèishéme ne?
Wáng Gāng:	Wǎngluò xiǎoshuō bǐjiào tōngsú yìdǒng, yǔyán yě jiējìn kǒuyǔ, duì xué Zhōngwén hěn yǒu bāngzhù.
Kǎilún:	Ó, zhèyàng a, nà wǒ yīnggāi qù nǎlǐ zhǎo zhè xiē wǎngluò xiǎoshuō ne?
Wáng Gāng:	Wǎngshàng yǒu hěn duō wénxué wǎngzhàn. Rúguǒ nǐ duì kēhuàn hé lìshǐ xiǎoshuō gǎn xìngqù, kěyǐ qù Qǐdiǎn Zhōngwén Wǎng, tā shì Zhōngguó zuì dà de wǎngluò wénxué píngtái.
Kǎilún:	Dàn wǒ gèng xǐhuān kàn dūshì yánqíng xiǎoshuō, yóuqí shì nǚ zuòjiā xiě de.
Wáng Gāng:	Nà nǐ kěyǐ qù Jìnjiāng Wénxué Chéng huòzhě Xiāoxiāng Shūyuàn, nàlǐ yǒu hěn duō nǚ zuòjiā xiě de dūshì yánqíng xiǎoshuō.
Kǎilún:	Tài hǎole. Wǎngshàng yǒu méiyǒu shénme yuèdú gōngjù kěyǐ bāngzhù wǒ gèng hǎo de yuèdú wǎngluò xiǎoshuō ne?
Wáng Gāng:	Dāngrán yǒu, nǐ kěyǐ shì shi Yǒudào Cídiǎn, Jīnshān Cíbà, hái yǒu Bǎidù Fānyì. Zhè xiē gōngjù dōu néng bāng nǐ kuàisù cházhǎo shēngcí, lǐjiě jùzi de yìsi.

第八课　人工智能聊天机器人

课文一

在日常生活中，我们总是希望身边有一个随时随地可以回答我们的问题，并且能帮助我们解决问题的伙伴。而现代科技的杰作之一——人工智能聊天机器人，正是[1]这种愿景在数字化时代的产物。

近年来，人工智能技术快速发展，聊天机器人也逐渐走进我们的生活。现在网络上的聊天机器人平台可不少。大家熟悉的有OpenAI的ChatGPT，百度的文心一言，谷歌的Gemini，以及[2]微软的Copilot等。这些基于大型语言模型打造出来的聊天机器人，不仅拥有优秀的语言理解能力和强大的文本生成功能，还支持多种语言的交流。另外，它们各自[3]也因[4]其独特的互动方式和丰富的表达方式，而受到[5]不同用户的喜爱。

聊天机器人的用途广泛。它可以提供各种信息查询服务，如天气预报和查找学术资料。它也可以完成如订票、订餐这种简单任务。它还可以提供休闲娱乐服务，如玩游戏、讲故事。而且，它还能提供情感交流服务，如耐心倾听用户的心声，提供心理健康信息和建议。可以预见，聊天机器人将会越来越智能化、人性化，成为我们生活中的好帮手。

VOCABULARY

1.	人工智能		réngōng zhìnéng	NP	artificial intelligence
2.	机器	機器	jīqì	N	machine
3.	伙伴		huǒbàn	N	partner
4.	杰作		jiézuò	N	masterpiece
5.	正是		zhèng shì	VP	precisely is; exactly is
6.	愿景	願景	yuànjǐng	N	vision; aspiration
7.	产物		chǎnwù	N	product; outcome; result
8.	熟悉		shúxī	V	to be familiar with
9.	模型		móxíng	N	model
10.	打造		dǎzào	V	to forge; to create; to build
11.	生成		shēngchéng	V	to generate; to produce
12.	各自		gèzì	Adv	each; respectively
13.	其		qí	Pr	his; her; its; their
14.	独特	獨特	dútè	A	unique; distinctive
15.	表达	表達	biǎodá	N/V	expression; to express
16.	用途		yòngtú	N	use; application
17.	信息		xìnxī	N	information
18.	查询	查詢	cháxún	V	to query; to search
19.	学术	學術	xuéshù	N	academic learning
20.	资料	資料	zīliào	N	material; data; information

(continued)

21.	任务	任務	rènwù	N	task; assignment
22.	休闲	休閒	xiūxián	N	leisure; recreation
23.	耐心		nàixīn	A/N	patient; patience
24	倾听	傾聽	qīngtīng	V	to listen attentively
25.	心声	心聲	xīnshēng	N	inner voice; heartfelt words
26.	心理健康		xīnlǐ jiànkāng	NP	mental health
27.	预见	預見	yùjiàn	V	to foresee; to predict
28.	智能化		zhìnénghuà	A/V	intelligent; to make intelligent
29.	人性化		rénxìnghuà	A/V	humanized; to humanize
Proper Nouns					
1.	百度		Bǎidù		Baidu (Chinese internet technology company specializing in internet-related services and artificial intelligence)
2.	文心一言		Wénxīn Yìyán		Ernie Bot (AI chatbot developed by Baidu)

课文二

大卫： 凯伦，听说你是使用ChatGPT的行家，能教我一下怎么用吗？

凯伦： 当然可以。首先，你得去ChatGPT的网站注册一个账户，可以选择免费或付费账户。付费账户会有更多功能。

大卫： 然后呢？

凯伦： 接下来[6]，你就可以在ChatGPT的对话框里输入提示语，说出你的问题和需求。它会按照[7]你的提示语生成你需要的文本或图片。

大卫： 怎么写提示语呢？

凯伦： 用简单而又准确的语言提出你的问题。比如，"请用通俗易懂的语言解释一下机器翻译的工作原理"。

大卫： 哦，我明白了。那怎么制作图片呢？

凯伦： 那你就在提示语里描述你想要什么样的画儿以及风格。比如，"请画一幅冬天里的万里长城的水彩画"。

大卫： 还有，我怎么用它来帮助写作呢？

凯伦： 你可以告诉它你需要写什么样的文章，比如，课堂报告或邮件，并且告诉它主题，它就会帮你构思和撰写。

大卫： 太棒了，我回去就试试。谢谢！

VOCABULARY

1.	行家		hángjiā	N	expert
2.	接下来		jiē xià lái	AdvP	next; following
3.	对话框	對話框	duìhuà kuàng	NP	dialog box
4.	提示语	提示語	tíshì yǔ	NP	prompt
5.	按照		ànzhào	Prep	according to; in the light of
6.	准确	準確	zhǔnquè	A	accurate; precise
7.	制作		zhìzuò	V	to make; to produce
8.	描述		miáoshù	V	to describe

(continued)

9.	风格	風格	fēnggé	N	style
10.	幅		fú	M	measure word for painting
11.	水彩画	水彩畫	shuǐcǎihuà	N	watercolor painting
12.	构思	構思	gòusī	V	to conceive; to conceptualize
13.	撰写	撰寫	zhuànxiě	V	to write; to compose

词语与句型

1. 而…正是

In this expression, the conjunction 而 connects two clauses or two actions, while 正是 serves to emphasize that something is precisely or exactly what is being referred to.

1. 王钢每天坚持跑步，而这正是他身体健康的原因。

    Wáng Gāng měi tiān jiānchí pǎobù, ér zhè zhèng shì tā shēntǐ jiànkāng de yuányīn.

    (Wang Gang runs every day, and that is precisely the reason for his good health.)

2. 大学毕业后，他决定留在国外工作几年，而这个决定正是改变他人生的开始。

    Dàxué bìyè hòu, tā juédìng liú zài guó wài gōngzuò jǐ nián, ér zhè ge juédìng zhèng shì gǎibiàn tā rénshēng de kāishǐ.

    (After graduating from university, he decided to work abroad for a few years, and this decision was precisely the beginning of a change in his life.)

2. 以及 (and)

It is a formal usage of "and," typically used to connect items in a list involving more than two elements, emphasizing the inclusion of each item.

1. 图书馆里有各种书籍，包括小说、杂志，以及历史书。

    Túshūguǎn li yǒu gè zhǒng shūjí, bāokuò xiǎoshuō, zázhì yǐjí lìshǐ shū.

    (The library has various kinds of books, including novels, magazines, and history books.)

2. 这份报告需要一些事实、数据支持，以及专家的意见。

    Zhè fèn bàogào xūyào yì xiē shìshí, shùjù zhīchí, yǐjí zhuānjiā de yìjiàn.

    (This report requires supporting facts and data, as well as the opinions of experts.)

3. 各自 (each; respectively)

The adverb 各自 is used to refer to individual members of a group, emphasizing their separate and individual actions in a collective context.

1. 同学们在图书馆里各自找了一个安静的角落读书。

    Tóngxué men zài túshūguǎn li gèzì zhǎo le yí gè ānjìng de jiǎoluò dúshū.

    (The classmates each found a quiet corner in the library to read.)

2. 孩子们在公园里各自玩着自己的游戏。

    Háizi men zài gōngyuán li gèzì wán zhe zìjǐ de yóuxì.

    (The children each played their own games in the park.)

4. 因⋯而 (because of ... therefore; due to ... thus)

This structure serves as a conjunctive phrase indicating cause and effect. In this expression, the preposition 因 introduces the cause or reason, and the conjunction 而 connects it to the resulting effect.

1. 这种手机因其价格便宜、功能齐全而深受人们的欢迎。

    Zhè zhǒng shǒujī yīn qí jiàgé piányi, gōngnéng qíquán ér shēn shòu rénmen de huānyíng.

    (This type of cell phone is deeply loved by people because of its cheap price and comprehensive functions.)

2. 王明因不断地努力而实现了自己的梦想，成为了一名作家。

    Wáng Míng yīn búduàn de nǔlì ér shíxiàn le zìjǐ de mèngxiǎng, chéngwéi le yì míng zuòjiā.

    (Wang Ming realized his dream and became a writer because of his continuous efforts.)

5. 受到 (to receive; to be subject to)

Often used to convey a passive meaning, the verb phrase 受到 requires an object that describes an action or state, indicating that the subject of the sentence is the receiver of the action or state.

1. 政府的这项新政策受到了民众的热烈欢迎。
   Zhèngfǔ de zhè xiàng xīn zhèngcè shòu dào le mínzhòng de rèliè huānyíng.
   (The government's new policy has been warmly welcomed by the people.)
2. 这部网络小说受到很多年轻读者的追捧。
   Zhè bù wǎngluò xiǎoshuō shòu dào hěn duō niánqīng dúzhě de zhuīpěng.
   (This online novel is sought after by many young readers.)

6. 接下来 (next; following)

Commonly used in both spoken and written Chinese, this idiomatic expression is used to indicate what comes immediately after a certain point or action.

1. 发完电邮后，接下来我们要去抖音上看看好玩儿的短视频。
   Fā wán diàn yóu hòu, jiē xià lái wǒmen yào qù Dǒuyīn shàng kàn kan hǎowánr de duǎn shìpín.
   (After sending the email, we are going to watch some fun short videos on TikTok next.)
2. 参观完北京，接下来的几天我们要去南方的几个城市参观。
   Cān'guān wán Běijīng, jiē xià lái de jǐ tiān wǒmen yào qù nánfāng de jǐ gè chéngshì cān'guān.
   (After visiting Beijing, in the following days, we're going to visit several cities in the south.)

7. 按照 (according to; in the light of)

The preposition 按照 functions to indicate that an action is carried out in accordance with or based on certain criteria, standards, or requirements. It is important to note that 按照 cannot take as its object a pronoun or a noun indicating a human person directly.

1. 本公司会按照客户的要求提供专业服务。
   Běn gōngsī huì ànzhào kèhù de yāoqiú tígōng zhuānyè fúwù.
   (Our company will provide professional services according to the requirements of customers.)
2. 按照计划，我们应该在今年年底完成这个项目。
   Ànzhào jìhuà, wǒmen yīnggāi zài jīnnián niándǐ wánchéng zhè ge xiàngmù.
   (According to the plan, we should complete this project by the end of this year.)

练习

一、回答课文问题 (Answer Questions Based on the Texts)

课文一

1. 人们总是希望身边有一个什么样的"伙伴"？
2. 聊天机器人是什么生产出来的杰作？
3. 现在网络上都有哪些聊天机器人平台？
4. 这些聊天机器人为什么受到用户喜爱？请说出至少三个原因。
5. 聊天机器人可以用来查询什么信息？
6. 聊天机器人可以提供什么情感交流服务？
7. 为什么说聊天机器人将会成为我们生活中的好帮手？

课文二

1. 要想使用ChatGPT的话，我们首先得做什么？
2. 有了账号以后，接下来我们得做什么？
3. 写提示语应该注意什么？
4. 要是我想用ChatGPT来帮我画一幅画，我应该做什么？
5. 我们怎么用ChatGPT来帮我们写作？

二、动词搭配 (Match Each Word with the Most Appropriate Verb)

撰写　　完成　　倾听　　生成　　打造

解决　　走进　　表达　　查找　　解释

1. _____机器
2. _____文章
3. _____原理
4. _____生活
5. _____问题
6. _____思想
7. _____任务
8. _____资料
9. _____文本
10. _____心声

三、选词填空 (Fill in Each Blank with the Most Appropriate Word)

1. 图书馆的主要功能之一就是给读者_____需要的图书。
   a. 阐述　　　　　b. 解释　　　　　c. 提供

2. 老师在课堂上总是_____地解答学生提出的问题。
   a. 耐心　　　　　b. 慢点　　　　　c. 丰富

3. 在课堂上，我的老师常常让我们_____一件我们熟悉的事来练习我们的口语。
   a. 告诉　　　　　b. 描述　　　　　c. 报告

4. 在使用电脑时，我们常常需要将数据_____到电脑中处理。
   a. 输入　　　　　b. 进入　　　　　c. 送进

5. 老师讲解科学原理时，她的主要任务是_____原理。
   a. 描写　　　　　b. 回答　　　　　c. 解释

6. 一个人想要实现自己的人生_____，就要努力地工作。
   a. 风景　　　　　b. 愿景　　　　　c. 原意

7. 在数字化时代，我们可以_____通过互联网得到最新的信息。
   a. 总是　　　　　b. 随时　　　　　c. 有时

8. 我们在写文章时，需要很清楚地_____我们自己的观点和看法。
   a. 表达　　　　　b. 体现　　　　　c. 表示

9. 我的家人都_____我有机会到中国去看看。
   a. 熟知　　　　　b. 支持　　　　　c. 互动

10. 科技的发展让我们能够更好地_____将来的生活。
    a. 预见　　　　　b. 看见　　　　　c. 交流

四、完成对话 (Complete the Dialogues)

1. A: 凯伦的学习成绩为什么总是这么好？

B：凯伦学习非常努力，_____。
　　（而…正是；原因）

2. A：大卫，你来中国后都去过哪些地方？
　　B：_____。
　　　（以及）

3. A：你们班的同学毕业以后都去哪儿了？
　　B：毕业以后，他们_____。
　　　（各自；不同的城市；工作）

4. A：你看见李明了吗？他今天为什么没来上课？
　　B：你不知道吗？李明_____。
　　　（因…而；生病）

5. A：这款新手机在市场上卖得怎么样？
　　B：_____。
　　　（受到；用户；喜爱）

6. A：大卫，今天不上课，你们要做什么，有什么计划吗？
　　B：_____。
　　　（接下来）

7. A：凯伦，我怎么让ChatGPT帮我制作图片呢？
　　B：你只要告诉它你想要什么画，它_____。
　　　（按照；生成）

五、用所给词语英译中 (Translate the Sentences into Chinese with the Given Words)

1. Learning requires patience, and carefully reading and understanding are important methods of learning. (而…正是)

2. AI Chatbots are popular with people because of their unique ways of interaction and rich forms of emotional expressions. （因其…而）

3. My classmates were each very busy reviewing the lesson's content in the classroom, preparing for tomorrow's exam. (各自)

4. Among these cities in China, David's favorite city is Beijing, followed by Xi'an, Chengdu, and Shanghai. (在⋯中；接下来；以及)

5. If you input clear and accurate prompts into the dialogue box, the AI chatbot will generate the pictures according to your needs. (对话框；提示语；按照)

六、小作文 (Short Composition)

Create effective prompts in Chinese using either the US-based ChatGPT or China-based Wenxin Yiyan. Your task is to design a set of prompts that guide the AI to create a tour plan for a famous Chinese cultural heritage site. (1) Start with an opening prompt. (2) Follow with at least three more prompts, each with at least two complete sentences. (3) Submit both the original prompts and the AI's responses.

七、问题与思考 (Questions and Reflections)

1. 人工智能最终会不会取代我们人类的工作？为什么？
2. 人工智能的飞速发展会对我们人类产生什么影响？如果有不好的影响的话，我们应该怎么避免这种影响呢？
3. 使用人工智能来帮我们做事，比如说写文章，算不算是抄袭或作弊？为什么？

Pinyin Texts

Kèwén yī

Zài rìcháng shēnghuó zhōng, wǒmen zǒngshì xīwàng shēnbiān yǒu yí gè suíshí suídì kěyǐ huídá wǒmen de wèntí, bìngqiě néng bāngzhù wǒmen jiějué wèntí de huǒbàn. Ér xiàndài kējì de jiézuò zhīyī — réngōng zhìnéng liáotiān jīqì rén, zhèngshì zhè zhǒng yuànjǐng zài shùzìhuà shídài de chǎnwù.

Jìnnián lái, réngōng zhìnéng jìshù kuàisù fāzhǎn, liáotiān jīqì rén yě zhújiàn zǒu jìn wǒmen de shēnghuó. Xiànzài wǎngluò shàng de liáotiān jīqì rén píngtái kě bù shǎo. Dàjiā shúxī de yǒu OpenAI de ChatGPT, Bǎidù de Wénxīn Yìyán, Gǔgē de Gemini, yǐjí Wēiruǎn de Copilot děng. Zhè xiē jīyú dàxíng yǔyán móxíng dǎzào chūlái de liáotiān jīqì rén, bùjǐn yōngyǒu yōuxiù de yǔyán lǐjiě nénglì hé qiángdà de wénběn shēngchéng gōngnéng, hái zhīchí duō zhǒng yǔyán de jiāoliú. Lìngwài, tāmen gèzì yě yīn qí dútè de hùdòng fāngshì hé fēngfù de biǎodá fāngshì, ér shòu dào bù tóng yònghù de xǐ'ài.

Liáotiān jīqì rén de yòngtú guǎngfàn. Tā kěyǐ tígōng gè zhǒng xìnxī cháxún fúwù, rú tiānqì yùbào hé cházhǎo xuéshù zīliào. Tā yě kěyǐ wánchéng rú dìng piào, dìng cān zhè zhǒng jiǎndān rènwù. Tā hái kěyǐ tígōng xiūxián yúlè fúwù, rú wán yóuxì, jiǎng gùshì. Érqiě, tā hái néng tígōng qínggǎn jiāoliú fúwù, rú nàixīn qīngtīng yònghù de xīnshēng, tígōng xīnlǐ jiànkāng xìnxī hé jiànyì. Kěyǐ yùjiàn, liáotiān jīqì rén jiāng huì yuè lái yuè zhìnénghuà, rénxìnghuà, chéngwéi wǒmen shēnghuó zhōng de hǎo bāngshǒu.

Kèwén èr

Dàwèi: Kǎilún, tīngshuō nǐ shì shǐyòng ChatGPT de hángjiā, néng jiāo wǒ yíxià zěnme yòng ma?

Kǎilún: Dāngrán kěyǐ. Shǒuxiān, nǐ děi qù ChatGPT de wǎngzhàn zhùcè yí gè zhànghù, kěyǐ xuǎnzé miǎnfèi huò fùfèi zhànghù. Fùfèi zhànghù huì yǒu gèng duō gōngnéng.

Dàwèi: Ránhòu ne?

Kǎilún: Jiē xià lái, nǐ jiù kěyǐ zài ChatGPT de duìhuà kuàng lǐ shūrù tíshì yǔ, shuō chū nǐ de wèntí hé xūqiú. Tā huì ànzhào nǐ de tíshì yǔ shēngchéng nǐ xūyào de wénběn huò túpiàn.

Dàwèi: Zěnme xiě tíshì yǔ ne?

Kǎilún: Yòng jiǎndān ér yòu zhǔnquè de yǔyán tíchū nǐ de wèntí. Bǐrú, "Qǐng yòng tōngsú yìdǒng de yǔyán jiěshì yíxià jīqì fānyì de gōngzuò yuánlǐ".

Dàwèi: Ò, wǒ míngbai le. Nà zěnme zhìzuò túpiàn ne?

Kǎilún: Nà nǐ jiù zài tíshì yǔ lǐ miáoshù nǐ xiǎng yào shénme yàng de huàr yǐjí fēnggé. Bǐrú, "Qǐng huà yì fú dōngtiān de Wànlǐ Chángchéng de shuǐcǎihuà".

Dàwèi: Háiyǒu, wǒ zěnme yòng tā lái bāngzhù xiězuò ne?

Kǎilún: Nǐ kěyǐ gàosù tā nǐ xūyào xiě shénme yàng de wénzhāng, bǐrú kètáng bàogào huò yóujiàn, bìngqiě gàosù tā zhǔtí, tā jiù huì bāng nǐ gòusī hé zhuànxiě.

Dàwèi: Tài bàng le, wǒ huíqu jiù shì shi. Xièxie!

第九课　网络视频

> 课文一

中国的网络视频虽然起步有点晚，但是发展很快。二零零五年左右[1]，中国的视频网站开始出现，其中优酷和土豆最为人们所熟知，为观众带来了大量的中国和外国的视频内容。自那以后，随着智能手机的普及，短视频应用也很快火起来[2]了。

现在，中国网络视频市场由[3]几家大平台主导，包括爱奇艺、腾讯视频和优酷，主打电影、电视剧和综艺节目；而B站、抖音、快手等中、短视频平台，则以活泼多样的内容见长，尤其[4]受到年轻人追捧。

网络视频已经在中国的经济和文化中占据了一席之地。它不仅吸引了大量投资，为创作者提供了一个新的赚钱渠道，还丰富了人们的娱乐生活。同时，短视频的盛行推动了许多网红的快速崛起。他们通过视频传播自己的价值观，对社会产生了一定的影响[5]。

网络视频突破了传统媒体的限制，为大众提供了展示自我的舞台。其内容的多样化不仅满足了人们的娱乐需求，也为思想的交流提供了场所。然而[6]，如何确保网络视频内容的健康，防止不良信息的传播，是这个行业需要面对和解决的问题。

VOCABULARY

1.	起步		qǐbù	V	to start
2.	左右		zuǒyòu	Adv	about; more or less
3.	熟知		shúzhī	V	to know well; to be familiar with
4.	观众	觀眾	guānzhòng	N	audience
5.	普及		pǔjí	N/V	widespread adoption; to popularize
6.	火		huǒ	A/N	hot; popular; fire
7.	由		yóu	Prep	by; through
8.	主导	主導	zhǔdǎo	V	to lead; to dominate
9.	主打		zhǔdǎ	V	to feature; to specialize in
10.	综艺节目	綜藝節目	zōngyì jiémù	NP	variety show
11.	活泼	活潑	huópō	A	lively; active
12.	见长	見長	jiàncháng	V	to be good at; to be known for
13.	尤其		yóuqí	Adv	especially; particularly
14.	追捧	追捧	zhuīpěng	V	to chase after; to adore
15.	占据	佔據	zhànjù	V	to occupy
16.	一席之地		yì xí zhī dì	IE	a place; a niche

(continued)

Online Videos 网络视频 107

17.	吸引		xīyǐn	V	to attract
18.	渠道		qúdào	N	channel; means
19.	投资	投資	tóuzī	N/V	investment; to invest
20.	盛行		shèngxíng	V	to be in vogue; to be prevalent
21.	崛起		juéqǐ	N/V	emergence; to emerge
22.	价值观	價值觀	jiàzhí guān	N	values
23.	产生	產生	chǎnshēng	V	to produce; to engender
24.	传统	傳統	chuántǒng	A/N	traditional; tradition
25.	自我		zìwǒ	Pr	self; selfhood
26.	思想		sīxiǎng	N	thought; ideology
27.	然而		rán'ér	Conj	however; nevertheless
28.	如何		rúhé	QPr	how; what
29.	确保	確保	quèbǎo	V	to ensure; to guarantee
30.	防止		fángzhǐ	V	to prevent; to guard against
31.	不良		bù liáng	A	bad; harmful; unhealthy
32.	面对	面對	miànduì	V	to face; to confront
Proper Nouns					
1.	优酷	優酷	Yōukù		Youku (Chinese online video hosting service, also known as Youku Tudou)
2.	土豆		Tǔdòu		Tudou (Chinese online video service; merged with Youku in 2012 to form Youku Tudou)
3.	爱奇艺	愛奇藝	Àiqíyì		iQIYI (Chinese online entertainment video service)
4.	腾讯视频	騰訊視頻	Téngxùn Shìpín		Tencent Video (Chinese online video streaming platform operated by Tencent)
5.	B站		B Zhàn		Bilibili (Chinese online video sharing platform)

课文二

凯伦： 大卫，你的中文说得越来越流利了，怎么突然进步这么快？
大卫： 谢谢夸奖。其实[7]我最近一直在看中文网剧，觉得对提高我的中文水平很有帮助。
凯伦： 真的吗？你都看些什么网剧？
大卫： 我喜欢武侠剧，剧情很吸引人，而且有很多武打场面，特别好看。另外，剧中的台词也很地道，可以学到很多日常用语。
凯伦： 我也想试试看。你有没有什么好推荐的？
大卫： 你喜欢看哪一类的？现代的还是古代的？
凯伦： 我想看都市言情剧。哪儿有？
大卫： 腾讯视频和爱奇艺都有。不过我更推荐腾讯。它的网剧更新快，画面质量也很好。
凯伦： 那要付费吗？
大卫： 你可以注册一个学生账户，一个月只要十来块钱，就能看到没有广告的高清视频了。
凯伦： 哇，还真划算！可以在手机上看吗？
大卫： 当然可以，只要下载了腾讯视频的手机应用，就可以随时随地看网剧了。

VOCABULARY

1.	流利		liúlì	A	fluent
2.	进步	進步	jìnbù	V	to improve; to progress
3.	夸奖	誇獎	kuājiǎng	V	to praise
4.	网剧	網劇	wǎng jù	NP	web drama; online drama
5.	剧情	劇情	jùqíng	N	plot; storyline
6.	武打		wǔdǎ	N	martial arts action; acrobatic fighting
7.	场面	場面	chǎngmiàn	N	scene
8.	台词	臺詞	táicí	N	actor's lines
9.	地道		dìdào	A	authentic
10.	日常用语	日常用語	rìcháng yòngyǔ	NP	daily language; everyday speech
11.	古代		gǔdài	N	ancient times
12.	画面	畫面	huàmiàn	N	picture; image
13.	广告	廣告	guǎnggào	N	advertisement
14.	高清视频	高清視頻	gāoqīng shìpín	NP	HD video
15.	划算		huásuàn	A	worth it; a good deal

词语与句型

1. 左右 (about; more or less)

When used after a numerical expression, the word 左右 functions as an adverb indicating an approximate number or quantity.

1. 王钢每天早上七点左右起床，然后去跑步。

   Wáng Gāng měi tiān zǎoshang qī diǎn zuǒyòu qǐchuáng, ránhòu qù pǎobù.

   (Wang Gang gets up around 7 o'clock every morning and goes for a run.)

2. 这本书大约有四百页左右。

   Zhè běn shū dàyuē yǒu sì bǎi yè zuǒyòu.

   (This book is about four hundred pages.)

2. A+起来

The directional verb 起来 can be used as a complement after an adjective to indicate the initiation or start of an action or state.

1. 他一听到这个好消息，立刻高兴起来了。

   Tā yì tīng dào zhè ge hǎo xiāoxi, lìkè gāoxìng qǐlái le.

   (As soon as he heard the good news, he immediately became happy.)

2. 天气渐渐冷起来了，你得多穿点衣服。

   Tiānqì jiànjiàn lěng qǐlái le, nǐ děi duō chuān diǎn yīfu.

   (The weather is getting colder. You need to wear more clothes.)

3. 由 (by; through)

One major function the preposition 由 serves is to introduce the agent or performer of an action indicated by the transitive verb in the sentence. In such a case, the subject of the sentence is often the receiver of the action.

1. 这本书由他亲自撰写，详细记录了他少年时代的生活。

   Zhè běn shū yóu tā qīnzì zhuànxiě, xiángxì jìlù le tā shàonián shídài de shēnghuó.

   (This book was written by himself and meticulously records his life in boyhood.)

2. 这幅长城水彩画将会由AI聊天机器人来制作。

   Zhè fú Chángchéng shuǐcǎihuà jiāng huì yóu AI liáotiān jīqì rén lái zhìzuò.

   (This watercolor painting of the Great Wall will be created by an AI chatbot.)

4. 尤其 (especially; particularly)

The adverb 尤其 is used to emphasize or single out a particular point or case within a broader context that has been stated.

1. 我喜欢唱歌，尤其爱唱流行歌曲。

   Wǒ xǐhuan chànggē, yóuqí ài chàng liúxíng gēqǔ.

(I like singing, especially pop songs.)

2. 想不到你们都来参加这个晚会，尤其没想到王钢也会来。

Xiǎng bu dào nǐmen dōu lái cānjiā zhè ge wǎnhuì, yóuqí méi xiǎng dào Wáng Gāng yě huì lái.

(I didn't expect all of you to come to this party, especially I didn't expect that Wang Gang would come too.)

5. 对…产生/有+（的）影响

In this structure, the prepositional phrase 对… serves to emphasize or draw attention to the receiver of the action 影响 by positioning it before the verb phrase.

1. 社交媒体的广泛使用对人们的生活产生了很大影响。

Shèjiāo méitǐ de guǎngfàn shǐyòng duì rénmen de shēnghuó chǎnshēng le hěn dà yǐngxiǎng.

(The widespread use of social media has had a great impact on people's lives.)

2. 父母的教育方式对孩子的成长有直接的影响。

Fùmǔ de jiàoyù fāngshì duì háizi de chéngzhǎng yǒu zhíjiē de yǐngxiǎng.

(Parents' educational approach has a direct impact on their children's growth and development.)

6. 然而 (however; nevertheless)

The conjunction 然而 is used to introduce a contrast or opposition to what has been previously stated. It is typically employed in written Chinese.

1. 大家都认为这个节目会受到欢迎，然而，结果却出乎意料。

Dàjiā dōu rènwéi zhè ge jiémù huì shòu dào huānyíng, rán'ér, jiéguǒ què chū hū yìliào.

(Everyone thought the show would be popular; however, the result was unexpected.)

2. 这项计划看起来很好，然而，实施起来却很困难。

Zhè xiàng jìhuà kàn qǐlái hěn hǎo, rán'ér, shíshī qǐlái què hěn kùnnán.

(This plan looks good. However, it is difficult to implement.)

7. 其实 (actually; in fact)

The adverb 其实 is used to introduce a statement that clarifies or reveals the truth or fact, often in contrast to what might be assumed or expected previously.

1. 大家都以为他很忙，其实他有很多空闲时间。
   Dàjiā dōu yǐwéi tā hěn máng, qíshí tā yǒu hěn duō kòngxián shíjiān.
   (Everyone thinks he is very busy, but he actually has a lot of free time.)
2. 她看起来好像生气了，其实，她只是累了，不想说话。
   Tā kàn qǐlái hǎoxiàng shēngqì le, qíshí, tā zhǐshì lèi le, bù xiǎng shuōhuà.
   (She looked as if she was angry, but in fact, she was just tired and didn't want to talk.)

练习

一、回答课文问题 (Answer Questions Based on the Texts)

课文一

1. 中国视频网站是什么时候开始出现的？
2. 现在中国的网络视频市场由哪几家大平台主导？
3. 这些大平台主打什么样的视频？
4. 为什么中、短视频平台受到年轻人追捧？
5. 网络视频在中国的经济和文化中发挥了什么作用？
6. 许多快速崛起的网红通过什么方式对社会产生影响？
7. 什么是网络视频行业需要面对和解决的问题？

课文二

1. 凯伦为什么夸奖大卫？
2. 大卫喜欢看哪一类网剧？为什么？
3. 为什么大卫向凯伦推荐腾讯视频？
4. 凯伦要怎样才能看到没有广告的高清视频？
5. 我们怎么做才能在手机上看网剧？

二、动词搭配 (Match Each Word with the Most Appropriate Verb)

面对　　产生　　突破　　占据　　主导
确保　　防止　　追捧　　熟知　　夸奖

1. _____影响
2. _____学生
3. _____群规
4. _____限制
5. _____市场
6. _____座位
7. _____网红
8. _____健康
9. _____问题
10. _____生病

三、选词填空 (Fill in Each Blank with the Most Appropriate Word)

突破　　多样　　吸引　　电视　　起来

1. 网络武侠剧作为一种新的_____剧类型，近年来在中国火_____了。它们_____了传统媒体的限制，利用现代视频媒体的技术，展示既丰富又_____化的新内容，_____了大量年轻人观看。这类电视剧推动了武侠文学的发展，成为大众文化的一个重要组成部分。

剧情　　言情　　了解　　网剧　　日常

2. 凯伦为了提高中文水平，最近开始在知名视频网站上看_____。凯伦喜欢看都市_____剧，尤其是女作家创作的作品。这些网剧内容丰富，形式多样，_____也很吸引人。而且，这种都市言情剧的台词接近_____用语，对她学习中文有帮助。通过看这些网剧，凯伦的中文听说能力有了很大的进步，同时也对中国大众文化有了更多的_____。

四、完成对话 (Complete the Dialogues)

1. A: 公交车还没来啊！你等了多长时间了？
   B: 我等了_____。
   （差不多；左右）

2. A: 你妈妈现在身体怎么样？病情好转了吗？
   B: 用了这种新药以后，_____。
   （A+起来）

3. A: 大卫，今天谁来主持这场英语晚会，是你还是凯伦？
   B: 哦，这场晚会当然_____。
   （由…V）

4. A: 现在这部武侠剧在网上很火，你看了吗？
   B: 看了，_____。
   （武打场面；尤其）

5. A: 那部关于智能机器人的网络小说你读完了没有？觉得怎么样？
   B: 读完了，_____。
   （对…有/产生…影响）

6. A: 你昨天买的新手机怎么样？好不好用？
   B: 这个手机看起来很好看，_____。
   （然而）

7. A: 王钢，我看你宿舍里有些可口可乐瓶子。你喜欢喝可口可乐吗？
   B: 不是的，_____。
   （其实）

五、用所给词语英译中 (Translate the Sentences into Chinese with the Given Words)

1. Nowadays, the spread of information is mainly led by social media. Many people no longer read newspapers. (由…所主导)

2. The development of smartphones has allowed us to break through the limitations of time and stay in touch with friends anytime and anywhere. (突破⋯限制)
3. This variety show is known for its lively and diverse content, and it is especially popular among young people. (以⋯见长；追捧)
4. How to correctly use social media to help with studying is an issue that every student must confront and solve. (如何⋯是⋯的问题)
5. Online video platforms have enabled some influencers to rise rapidly, and they have exerted a great influence on young people. (崛起；对⋯产生⋯影响)

六、小作文 (Short Composition)

Write a Chinese composition of approximately 100 characters based on one of the following two topics: (1) Describe your favorite Chinese online video platform. Include its name, the reasons you like it, and its special content. (2) Introduce the most interesting Chinese online drama you have watched. Include a brief plot summary, main characters, and why you like this drama.

七、问题与思考 (Questions and Reflections)

1. 有人说，网络视频对青少年的影响很大，你觉得有道理吗？说说你的想法。
2. 在网络视频平台上，很多视频都是像我们这样的普通人制作的，你觉得这些视频的质量怎么样？平台应该怎么比较好地管理这些视频？
3. 有些人觉得，因为网络视频现在这么火，对电视和电影行业造成了很大的冲击。你同意这个说法吗？为什么？

Pinyin Texts

Kèwén yī

Zhōngguó de wǎngluò shìpín suīrán qǐbù yǒu diǎn wǎn, dànshì fāzhǎn hěn kuài. Èr líng líng wǔ nián zuǒyòu, Zhōngguó de shìpín wǎngzhàn kāishǐ chūxiàn, qízhōng Yōukù hé Tǔdòu zuì wéi rénmen suǒ shúzhī, wèi guānzhòng dài lái le dàliàng de Zhōngguó hé wàiguó de shìpín nèiróng. Zì nà yǐhòu, suízhe zhìnéng shǒujī de pǔjí, duǎn shìpín yìngyòng yě hěn kuài huǒ qǐlái le.

Xiànzài, Zhōngguó wǎngluò shìpín shìchǎng yóu jǐ jiā dà píngtái zhǔdǎo, bāokuò Àiqíyì, Téngxùn Shìpín hé Yōukù, zhǔdǎ diànyǐng, diànshìjù hé zōngyì jiémù; ér B Zhàn, Dǒuyīn, Kuàishǒu děng zhōng, duǎn shìpín píngtái, zé yǐ huópō duōyàng de nèiróng jiàncháng, yóuqí shòu dào niánqīng rén zhuīpěng.

Wǎngluò shìpín yǐjīng zài Zhōngguó de jīngjì hé wénhuà zhōng zhànjù le yì xí zhī dì. Tā bùjǐn xīyǐn le dàliàng tóuzī, wèi chuàngzuò zhě tígōng le yí gè xīn de zhuànqián qúdào, hái fēngfù le rénmen de yúlè shēnghuó. Tóngshí, duǎn shìpín de shèngxíng tuīdòng le xǔduō wǎnghóng de kuàisù juéqǐ. Tāmen tōngguò shìpín chuánbō zìjǐ de jiàzhí guān, duì shèhuì chǎnshēng le yídìng de yǐngxiǎng.

Wǎngluò shìpín tūpò le chuántǒng méitǐ de xiànzhì, wèi dàzhòng tígōng le zhǎnshì zìwǒ de wǔtái. Qí nèiróng de duōyànghuà bùjǐn mǎnzú le rénmen de yúlè xūqiú, yě wèi sīxiǎng de jiāoliú tígōng le chǎngsuǒ. Rán'ér, rúhé quèbǎo wǎngluò shìpín nèiróng de jiànkāng, fángzhǐ bù liáng xìnxī de chuánbō, shì zhè ge hángyè xūyào miànduì hé jiějué de wèntí.

Kèwén èr

Kǎilún: Dàwèi, nǐ de Zhōngwén shuō de yuè lái yuè liúlì le, zěnme tūrán jìnbù zhème kuài?

Dàwèi: Xièxie kuājiǎng. Qíshí wǒ zuìjìn yìzhí zài kàn Zhòngwén wǎng jù, juéde duì tígāo wǒ de Zhōngwén shuǐpíng hěn yǒu bāngzhù.

Kǎilún: Zhēn de ma? Nǐ dōu kàn xiē shénme wǎng jù?

Dàwèi: Wǒ xǐhuan wǔxiá jù, jùqíng hěn xīyǐn rén, érqiě yǒu hěn duō wǔdǎ chǎngmiàn, tèbié hǎokàn. Lìngwài, jù zhōng de táicí yě hěn dìdào, kěyǐ xué dào hěn duō rìcháng yòngyǔ.

Kǎilún: Wǒ yě xiǎng shì shi kàn. Nǐ yǒu méiyǒu shénme hǎo tuījiàn de?

Dàwèi: Nǐ xǐhuan kàn nǎ yí lèi de? Xiàndài de háishì gǔdài de?

Kǎilún: Wǒ xiǎng kàn dūshì yánqíng jù. Nǎr yǒu?

Dàwèi: Téngxùn shìpín hé Àiqíyì dōu yǒu. Búguò wǒ gèng tuījiàn Téngxùn. Tā de wǎng jù gēngxīn kuài, huàmiàn zhìliàng yě hěn hǎo.

Kǎilún: Nà yào fùfèi ma?

Dàwèi: Nǐ kěyǐ zhùcè yí gè xuéshēng zhànghù, yí gè yuè zhǐ yào shí lái kuài qián, jiù néng kàn dào méiyǒu guǎnggào de gāoqīng shìpín le.

Kǎilún: Wā, hái zhēn huásuàn! Kěyǐ zài shǒujī shàng kàn ma?

Dàwèi: Dāngrán kěyǐ, zhǐyào xiàzài le Téngxùn shìpín de shǒujī yìngyòng, jiù kěyǐ suíshí suídì kàn wǎng jù le.

第十课　网络游戏

课文一

网络游戏，也叫"在线游戏"或"网游"，是通过网络把[1]游戏公司的服务器和我们自己的电脑或手机连接起来玩的电子游戏。网络游戏让许多爱玩游戏的人同时连线进行游戏、娱乐、交流，并在虚拟世界中获得成就感，是一种休闲娱乐活动。

网络游戏在中国始于上世纪九十年代。经过[2]多年的发展，中国现在已成为全世界最大的网络游戏市场之一[3]。中国拥有快速发展的游戏产业，其中腾讯游戏、网易游戏、完美世界和盛趣游戏等，都是全国领先的游戏开发和运营企业。它们分别推出的《王者荣耀》、《和平精英》、《梦幻西游》和《诛仙》等产品，都已成为人们爱不释手的经典游戏。

中国网游的类型非常丰富，包括角色扮演游戏、动作游戏、策略游戏、体育游戏、休闲游戏、以及团队竞技游戏等。这些游戏类型各有各的[4]特色和玩法，不仅深受中国玩家喜爱，也吸引了不少外国玩家。另外[5]，随着智能手机的普及，移动端游戏在中国得到快速发展，扩大了网络游戏市场，同时也成为中国数字经济发展的新动力。

VOCABULARY

1.	在线	在線	zàixiàn	A	online
2.	服务器	服務器	fúwù qì	NP	server
3.	连接	連接	liánjiē	V	to connect
4.	连线	連線	liánxiàn	V	to be online; to connect
5.	虚拟	虛擬	xūnǐ	A	virtual
6.	获得	獲得	huòdé	V	to acquire; to obtain
7.	成就感		chéngjiù gǎn	NP	sense of achievement
8.	经过	經過	jīngguò	Prep/V	through; to go through
9.	之一		zhī yī	NP	one of
10.	领先	領先	lǐngxiān	V	to lead
11.	推出		tuīchū	V	to release; to launch
12.	产品	產品	chǎnpǐn	N	product
13.	爱不释手	愛不釋手	ài bú shì shǒu	IE	to love too much to part with it
14.	经典	經典	jīngdiǎn	A/N	classic; classics
15.	角色		juésè	N	role; character
16.	扮演		bànyǎn	V	to play the role of; to portray

(continued)

17.	动作	動作	dòngzuò	N	action; movement
18.	策略		cèlüè	N	strategy
19.	体育	體育	tǐyù	N	sports; physical education
20.	团队	團隊	tuánduì	N	team
21.	竞技	競技	jìngjì	N	competition; athletic contest
22.	玩家		wánjiā	N	player (of video games)
23.	移动端	移動端	yídòng duān	NP	mobile terminal; mobile end
24.	动力	動力	dònglì	N	power; dynamics

Proper Nouns

1.	腾讯游戏	騰訊遊戲	Téngxùn Yóuxì	Tencent Games (video game development and publishing division of Tencent)
2.	网易游戏	網易遊戲	Wǎngyì Yóuxì	NetEase Games (online game division of NetEase)
3.	完美世界		Wánměi Shìjiè	Perfect World (Chinese video game company known for creating popular online games, including *Perfect World*)
4.	盛趣游戏	盛趣遊戲	Shèngqù Yóuxì	Shengqu Games (Chinese video game developer and publisher, formerly known as Shanda Games)
5.	王者荣耀	王者榮耀	Wángzhě Róngyào	*Honor of Kings* (popular multiplayer online game developed by Tencent Games)

(*continued*)

6.	和平精英		Hépíng Jīngyīng	*Game for Peace* (popular mobile battle royale game developed by Tencent Games)
7.	梦幻西游	夢幻西游	Mènghuàn Xīyóu	*Fantasy Westward Journey* (massively multiplayer online role-playing game [MMORPG] developed by NetEase)
8.	诛仙	誅仙	Zhūxiān	*Jade Dynasty* (3D MMORPG developed by Perfect World)

课文二

凯伦：　　　李老师，昨天我们上课的内容是中国的网游。我想听听您对网游的看法。
李老师：　　嗯，你这个话题有点儿大。能具体点儿吗？
凯伦：　　　哦，我感兴趣的是网游对青少年的影响。
李老师：　　对于青少年来说，网络游戏既有好的影响也有不好的影响，关键在于[6]如何引导。
凯伦：　　　什么是好的影响呢？
李老师：　　比如说，网游能提供娱乐，帮助青少年放松，甚至[7]还能提高他们的反应能力和团队合作意识。
凯伦：　　　那不好的影响呢？
李老师：　　网游容易让青少年上瘾，影响他们的学习和生活。而且，有些游戏内容可能不适合青少年。
凯伦：　　　什么样的内容？
李老师：　　比如暴力，这对他们的成长是没有好处的。
凯伦：　　　那老师和家长应该怎么做呢？
李老师：　　老师和家长应该注意孩子的游戏行为，引导他们合理安排游戏时间，选择健康的游戏内容，帮助他们养成良好的网络使用习惯。
凯伦：　　　说得太好了。谢谢老师！

VOCABULARY

1.	话题	話題	huàtí	N	(conversation) topic
2.	青少年		qīngshàonián	N	youth; teenager
3.	在于	在於	zài yú	VP	to lie in; to depend on
4.	引导	引導	yǐndǎo	N/V	guidance; to guide; to lead
5.	放松	放鬆	fàngsōng	V	to relax
6.	甚至		shènzhì	Adv	even; to the extent that
7.	反应	反應	fǎnyìng	N/V	reaction; to react
8.	合作		hézuò	N/V	cooperation; to cooperate
9.	意识	意識	yìshi	N	consciousness; awareness

(*continued*)

10.	上瘾	上癮	shàngyǐn	V	to become addicted
11.	暴力		bàolì	A/N	violent; violence
12.	成长	成長	chéngzhǎng	N/V	growth; to grow
13.	行为	行為	xíngwén	N	behavior
14.	合理		hélǐ	A	reasonable
15.	安排		ānpái	N/V	arrangement; to arrange
16.	养成	養成	yǎngchéng	V	to cultivate
17.	良好		liánghǎo	A	good; fine

词语与句型

1. 把

In the 把 construction, the prepositional phrase emphasizes the object by positioning it before a verb phrase that includes a transitive verb, a complement, and potentially other elements such as particles.

1. 我把功课做完了。
   Wǒ bǎ gōngkè zuò wán le.
   (I have finished my homework.)
2. 请把椅子搬到那边去。
   Qǐng bǎ yǐzi bān dào nà biān qù.
   (Please move the chair over there.)

2. 经过 (through; after)

The word 经过 often functions as a preposition indicating that a certain process or period has been completed and results have been achieved.

1. 经过多年的努力,他终于考上了大学。
   Jīngguò duō nián de nǔlì, tā zhōngyú kǎo shàng le dàxué.
   (After many years of hard work, he finally passed the college entrance exam.)

2. 经过很长时间的考虑，他决定大学毕业以后回中国工作。

   Jīngguò hěn cháng shíjiān de kǎolǜ, tā juédìng dàxué bìyè yǐhòu huí Zhōngguó gōngzuò.

   (After a long period of consideration, he has decided to go back to China to work after graduating from college.)

3. 之一 (one of)

The particle 之, which means 的, comes from classical Chinese. The phrase 之一 follows a noun to show that it is part of a larger group, indicating that the subject belongs to a specific category or set. It often emphasizes the significance, uniqueness, or distinction of the noun in context.

1. 这本书是我最喜欢的书之一。

   Zhè běn shū shì wǒ zuì xǐhuan de shū zhī yī.

   (This book is one of my favorites.)

2. 北京是中国的主要城市之一。

   Běijīng shì Zhōngguó de zhǔyào chéngshì zhī yī.

   (Beijing is one of China's major cities.)

4. 各V各的 (each + V + his/her/its own)

This idiomatic verb phrase, formed by repeating 各 around a verb followed by 的, is commonly used to emphasize the unique characteristics or distinctive actions of each individual subject within a group.

1. 对于这个问题，同学们各有各的想法。

   Duìyú zhè ge wèntí, tóngxué men gè yǒu gè de xiǎngfǎ.

   (The students each have their own ideas about this issue.)

2. 他们俩吵架了，各吃各的饭，谁也不理谁。

   Tāmen liǎ chǎojià le, gè chī gè de fàn, shéi yě bù lǐ shéi.

   (The two of them had an argument, and each ate his own food, ignoring each other.)

5. 另外 (in addition; besides)

This conjunction is used to add information or to refer to something additional or separate. It is commonly placed at the beginning of a sentence or clause to indicate further details or a separate point and used together with 也 or 还.

1. 我们需要买水果，另外还需要买白菜。
   Wǒmen xūyào mǎi shuǐguǒ, lìngwài hái xūyào mǎi bái cài.
   (We need to buy fruit, and in addition, we also need to buy cabbage.)
2. 大卫爱在网店买东西，另外还爱在网上玩网络游戏。
   Dàwèi ài zài wǎng diàn mǎi dōngxi, lìngwài hái ài zài wǎng shàng wán wǎngluò yóuxì.
   (David loves to shop online, and in addition, he enjoys playing online games on the internet.)

6. 在于 (to lie in; to depend on)

The verb phrase 在于 is commonly used in formal and written contexts to emphasize the critical aspect or condition of a topic or issue.

1. 你今天的成功在于你不断地努力。
   Nǐ jīntiān de chénggōng zài yú nǐ búduàn de nǔlì.
   (Your success today lies in your continuous efforts.)
2. 现在的结果在于你以前的选择。
   Xiànzài de jiéguǒ zài yú nǐ yǐqián de xuǎnzé.
   (The current outcome depends on your past choices.)

7. 甚至 (even; to the extent that)

The adverb 甚至 is commonly used to indicate something more significant or to a greater degree than what has been previously mentioned.

1. 她工作太忙了，甚至常常忘记了吃饭的时间。
   Tā gōngzuò tài máng le, shènzhì chángcháng wàngjì le chīfàn de shíjiān.
   (She is so busy with work that she often even forgets when to eat.)
2. 这场雨下得很大，甚至街道上都积水了。
   Zhè chǎng yǔ xià de hěn dà, shènzhì jiēdào shàng dōu jīshuǐ le
   (The rain was so heavy that even the streets were flooded.)

练习

一、回答课文问题 (Answer Questions Based on the Texts)

课文一

1. 网络游戏的另外两个名字是什么？
2. 网络游戏是一种什么样的游戏？
3. 在中国，网络游戏是什么时候开始有的？
4. 现在，中国的网络游戏发展得怎么样？你是怎么知道的？
5. 人们爱不释手的游戏都有哪些？请说出它们的名字。
6. 中国网络游戏有哪些类型？这些游戏的特色和玩法都一样吗？
7. 智能手机的普及对中国的网络游戏有什么影响？

课文二

1. 凯伦感兴趣的话题是什么？
2. 李老师觉得解决网络游戏带来的问题的关键是什么？
3. 李老师觉得网络游戏的好处是什么？
4. 李老师觉得网络游戏不好的地方是什么？
5. 对于孩子玩网络游戏，李老师觉得家长应该怎么做？

二、动词搭配 (Match Each Word with the Most Appropriate Verb)

养成　　影响　　安排　　引导　　扩大
获得　　领先　　推出　　扮演　　吸引

1. _____世界
2. _____时间
3. _____胜利
4. _____角色
5. _____市场
6. _____学习
7. _____产品
8. _____习惯
9. _____观众
10. _____孩子

三、选词填空 (Fill in Each Blank with the Most Appropriate Word)

虚拟　　游戏　　找到　　娱乐　　情感

1. 网络游戏不仅仅是一种_____方式，它更是一种文化现象，一种社会现象。它让人们能够在_____世界里体验到不同的生活，感受到不同的_____。而且，它让人们在_____中学习，在游戏中成长，在游戏中_____自己的价值。

释手　　不仅　　生活　　社会　　产业

2. 现在，网络游戏已经成为人们_____中不可缺少的一部分，网络游戏的虚拟世界令人爱不_____，同时，游戏市场也极大地推动了相关_____的发展。网络游戏_____丰富了人们的生活，还推动了_____的进步。

四、完成对话 (Complete the Dialogues)

1. A: 在线游戏怎样连接游戏公司服务器和玩家？
   B: _____。
   （通过；把）

2. A: 你现在对网络游戏给青少年带来的好处和坏处了解了吗？
   B: _____。
   （经过）

3. A: 大卫，你去过这么多中国的城市。哪个城市给你留下了特别深的印象？
   B: 当然是上海了，因为_____。
   （现代化；之一）

4. A: 中国有不少品牌手机。你觉得它们都一样吗？
   B: 不一样，_____。

（各V各的；功能；特色）

5. A：王钢，我需要一本中英字典。我应该去哪儿买？
   B：你可以_____。
   （另外；也/还）

6. A：凯伦，你说应该怎么做才能把中文学好？
   B：我觉得，_____。
   （关键；在于）

7. A：她真是个好学生，学习特别努力。
   B：是啊，她_____。
   （甚至；周末）

五、用所给词语英译中 (Translate the Sentences into Chinese with the Given Words)

1. China's online gaming industry has developed rapidly. Now, China has become one of the largest online gaming markets in the world. (成为；之一)
2. Tencent and NetEase are two leading online game development and operation companies in China. They have launched many games that people can't put down. (领先；推出；爱不释手)
3. Team competition games are not only popular with young players but have also attracted many older players. (深受；喜爱；吸引)
4. I'd like my older brother to read the English translation of this Chinese online novel. Could you tell me its English title? (让；把)
5. The key to effectively communicating with the AI chatbot is to write simple and accurate prompts. (关键；沟通；在于)

六、小作文 (Short Composition)

Write a brief Chinese composition of approximately 100 characters to introduce your favorite online game. Utilize the vocabulary and expressions you have learned to describe the game's basic rules, objectives, and gameplay. In addition, you may also highlight the features or aspects that particularly appeal to you.

七、问题与思考 (Questions and Reflections)

1. 网络游戏给青少年的日常生活带来的利弊是什么？怎么做才能更好地避免网络游戏给青少年带来的不良影响？
2. 网络游戏跟当代的文化价值观有关系吗？它是怎样影响我们的文化价值观的？请举例说明。
3. 网络游戏产业对一个国家的经济发展能起到什么样的作用？

Pinyin Texts

Kèwén yī

Wǎngluò yóuxì, yě jiào "zàixiàn yóuxì" huò "wǎng yóu", shì tōngguò wǎngluò bǎ yóuxì gōngsī de fúwù qì hé wǒmen zìjǐ de diànnǎo huò shǒujī liánjiē qǐlái wán de diànzǐ yóuxì. Wǎngluò yóuxì ràng xǔduō ài wán yóuxì de rén tóngshí liánxiàn jìnxíng yóuxì, yúlè, jiāoliú, bìng zài xūnǐ shìjiè zhōng huòdé chéngjiù gǎn, shì yì zhǒng xiūxián yúlè hóudòng.

Wǎngluò yóuxì zài Zhōngguó shǐ yú shàng shìjì jiǔshí niándài. Jīngguò duō nián de fāzhǎn, Zhōngguó xiànzài yǐ chéngwéi quán shìjiè zuì dà de wǎngluò yóuxì shìchǎng zhīyī. Zhōngguó yōngyǒu kuàisù fāzhǎn de yóuxì chǎnyè, qízhōng Téngxùn Yóuxì, Wǎngyì Yóuxì, Wánměi Shìjiè hé Shèngqù Yóuxì děng, dōu shì quánguó lǐngxiān de yóuxì kāifā hé yùnyíng qǐyè. Tāmen fēnbié tuīchū de "Wángzhě Róngyào", "Hépíng Jīngyīng", "Mènghuàn Xīyóu" hé "Zhūxiān" děng chǎnpǐn, dōu yǐ chéngwéi rénmen ài bú shì shǒu de jīngdiǎn yóuxì.

Zhōngguó wǎng yóu de lèixíng fēicháng fēngfù, bāokuò juésè bànyǎn yóuxì, dòngzuò yóuxì, cèlüè yóuxì, tǐyù yóuxì, xiūxián yóuxì, yǐjí tuánduì jìngjì yóuxì děng. Zhè xiē yóuxì lèixíng gè yǒu gè de tèsè hé wán fǎ, bùjǐn shēn shòu Zhōngguó wánjiā xǐ'ài, yě xīyǐn le bù shǎo wàiguó wánjiā. Lìngwài, suízhe zhìnéng shǒujī de pǔjí, yídòng duān yóuxì zài Zhōngguó dédào kuàisù fāzhǎn, kuòdà le wǎngluò yóuxì shìchǎng, tóngshí yě chéngwéi Zhōngguó shùzì jīngjì fāzhǎn de xīn dònglì.

Kèwén èr

Kǎilún: Lǐ lǎoshī, zuótiān wǒmen shàng kè de nèiróng shì Zhōngguó de wǎng yóu. Wǒ xiǎng tīng ting nín duì wǎng yóu de kànfǎ.

Lǐ lǎoshī: Èn, nǐ zhè ge huàtí yǒu diǎnr dà. Néng jùtǐ diǎnr ma?

Kǎilún: Ò, wǒ gǎn xìngqu de shì wǎng yóu duì qīngshàonián de yǐngxiǎng.

Lǐ lǎoshī: Duìyú qīngshàonián láishuō, wǎngluò yóuxì jì yǒu hǎo de yǐngxiǎng yě yǒu bù hǎo de yǐngxiǎng, guānjiàn zài yú rúhé yǐndǎo.

Kǎilún: Shénme shì hǎo de yǐngxiǎng ne?

Lǐ lǎoshī: Bǐrú shuō, wǎng yóu néng tígōng yúlè, bāngzhù qīngshàonián fàngsōng, shènzhì hái néng tígāo tāmen de fǎnyìng nénglì hé tuánduì hézuò yìshi.

Kǎilún: Nà bù hǎo de yǐngxiǎng ne?

Lǐ lǎoshī: Wǎng yóu róngyi ràng qīngshàonián shàngyǐn, yǐngxiǎng tāmen de xuéxí hé shēnghuó. Érqiě, yǒu xiē yóuxì nèiróng kěnéng bú shìhé qīngshàonián.

Kǎilún: Shénme yàng de nèiróng?

Lǐ lǎoshī: Bǐrú bàolì, zhè duì tāmen de chéngzhǎng shì méiyǒu hǎochù de.

Kǎilún: Nà lǎoshī hé jiāzhǎng yīnggāi zěnme zuò ne?

Lǐ lǎoshī: Lǎoshī hé jiāzhǎng yīnggāi zhùyì háizi de yóuxì xíngwéi, yǐndǎo tāmen hélǐ ānpái yóuxì shíjiān, xuǎnzé jiànkāng de yóuxì nèiróng, bāngzhù tāmen yǎng chéng liánghǎo de wǎngluò shǐyòng xíguàn.

Kǎilún: Shuō dé tài hǎo le. Xièxie lǎoshī!

Vocabulary Index

A					
爱不释手	愛不釋手	ài bú shì shǒu	IE	to love too much to part with it	L10
爱奇艺	愛奇藝	Àiqíyì	PN	iQIYI (Chinese online entertainment video service)	L9
安排		ānpái	N/V	arrangement; to arrange	L10
安装		ānzhuāng	V	to install	L1
安卓		Ānzhuó	PN	Android operating system	L3
按照		ànzhào	Prep	according to; in the light of	L8
B					
B站		B Zhàn	PN	Bilibili (Chinese online video sharing platform)	L9
百度		Bǎidù	PN	Baidu (Chinese internet technology company specializing in internet-related services and artificial intelligence)	L8

百度翻译	百度翻譯	Bǎidù Fānyì	PN	Baidu Translate (Chinese online translation platform developed by Baidu)	L5
扮演		bànyǎn	V	to play the role of; to portray	L10
包括		bāokuò	V	to include	L2
暴力		bàolì	A/N	violent; violence	L10
本土		běntǔ	N	local	L2
笔画	筆劃	bǐhuà	N	strokes of a Chinese character	L1
必不可少		bì bù kě shǎo	AP	indispensable; essential	L4
变成	變成	biàn chéng	V	to become	L1
便利		biànlì	A	convenient; easy	L6
表达	表達	biǎodá	N/V	expression; to express	L8
并	並	bìng	Conj	and	L1
部分		bùfen	N	part	L7
不良		bù liáng	A	bad; harmful; unhealthy	L9

C

才华	才華	cáihuá	N	talent	L7
材料		cáiliào	N	material	L5
采用	採用	cǎiyòng	V	to adopt; to use	L5
参与	參與	cānyǔ	V	to take part in; to participate in	L6

操作		cāozuò	N/V	operation; to operate	L3
策略		cèlüè	N	strategy	L10
词对词	詞對詞	cí duì cí	NP	word for word	L5
差异	差異	chāyì	N	difference	L2
查询	查詢	cháxún	V	to query; to search	L8
查找		cházhǎo	V	to search; to look up	L7
产品	產品	chǎnpǐn	N	product	L10
产生	產生	chǎnshēng	V	to produce; to engender	L9
产物		chǎnwù	N	product; outcome; result	L8
产业链	產業鏈	chǎnyè liàn	NP	industry chain	L7
场所	場所	chángsuǒ	N	place; site	L3
场面	場面	chǎngmiàn	N	scene	L9
成就感		chéngjiù gǎn	NP	sense of achievement	L10
成长	成長	chéngzhǎng	N/V	growth; to grow	L10
处理	處理	chǔlǐ	V	to deal with	L2
触摸屏	觸摸屏	chùmō píng	NP	touch screen	L3
传播	傳播	chuánbō	V	to disseminate; to spread	L7
传统	傳統	chuántǒng	A/N	traditional; tradition	L9
创世中文网	創世中文網	Chuàngshì Zhōngwén Wǎng	PN	Chuangshi Chinese Net (Chinese online literature platform)	L7
创新	創新	chuàngxīn	N/V	innovation; to innovate	L7

创作	創作	chuàngzuò	V	to create (literary and artistic works)	L7
此外		cǐwài	Conj	besides; in addition; moreover	L6
从未	從未	cóng wèi	Adv	never	L4
促进	促進	cùjìn	V	to promote; to boost	L6

D

答案		dá'àn	N	answer	L4
打开	打開	dǎkāi	V	to open; to turn on	L1
打造		dǎzào	V	to forge; to create; to build	L8
打中文		dǎ Zhōngwén	VO	to type Chinese	L1
大多数	大多數	dàduōshù	A/N	most; majority	L1
大量		dàliàng	A	large amount of	L5
大卫	大衛	Dàwèi	PN	(personal name)	L2
大型		dàxíng	A	large-scale; large	L2
大致		dàzhì	Adv	approximately	L5
大众	大眾	dàzhòng	A/N	popular; the masses	L7
代		dài	N	generation	L3
地道		dìdào	A	authentic	L9
点餐	點餐	diǎn cān	VO	to order food; to place an order	L6
点击	點擊	diǎnjī	V	to press; to click	L1
点赞	點贊	diǎnzàn	V	to like; to upvote	L7
电视剧	電視劇	diànshìjù	N	TV play; television drama	L7

电子商务	電子商務	diànzǐ shāngwù	NP	e-commerce	L6
电子邮件	電子郵件	diànzǐ yóujiàn	NP	email	L2
动力	動力	dònglì	N	power; dynamics	L10
动漫	動漫	dòngmàn	N	anime; animation and comics	L7
动作	動作	dòngzuò	N	action; movement	L10
抖音		Dǒuyīn	PN	Douyin (Chinse short-video and live-streaming platform launched by ByteDance)	L4
都市		dūshì	A/N	urban; city	L7
独特	獨特	dútè	A	unique; distinctive	L8
读者	讀者	dúzhě	N	reader	L7
短		duǎn	A	short	L4
对话框	對話框	duìhuà kuàng	NP	dialog box	L8
多媒体	多媒體	duōméitǐ	N	multi-media	L4
多样化	多樣化	duōyànghuà	A/N	diverse; diversity	L6

E

| 嗯 | | ēn | Int | Hmm (indicating understanding, acknowledgement, or agreement) | L2 |
| 而 | | ér | Conj | whereas; while | L3 |

F

| 发布 | 發佈 | fābù | V | to post; to publish; to release | L4 |

发挥作用	發揮作用	fāhuī zuòyòng	VO	to play a role	L1
发起	發起	fāqǐ	V	to initiate; to launch	L4
发展	發展	fāzhǎn	N/V	development; to develop	L1
反应	反應	fǎnyìng	N/V	reaction; to react	L10
方法		fāngfǎ	N	method	L5
方面		fāngmiàn	N	aspect; field	L3
方式		fāngshì	N	way; mode	L1
防止		fángzhǐ	V	to prevent; to guard against	L9
放松	放鬆	fàngsōng	V	to relax	L10
分为	分為	fēn wéi	VP	to divide into	L5
分析		fēnxī	N/V	analysis; to analyze	L5
分享		fēnxiǎng	N/V	share; to share	L4
丰富	豐富	fēngfù	Adj	rich; abundant	L4
风格	風格	fēnggé	N	style	L8
幅		fú	M	measure word for painting	L8
服务	服務	fúwù	N/V	service; to serve	L2
服务器	服務器	fúwù qì	NP	server	L10
付费	付費	fùfèi	A/V	paid; to pay	L2

G

改编		gǎibiān	N/V	adaptation; to adapt	L7
改变	改變	gǎibiàn	N/V	change; to change	L3
改名		gǎi míng	VO	to change name	L4
高达	高達	gāo dá	VP	to be up to	L2

高清摄像	高清攝像	gāoqīng shèxiàng	NP	high-definition camera	L3
高清视频	高清視頻	gāoqīng shìpín	NP	HD video	L9
革命		gémìng	N	revolution	L6
个性化	個性化	gèxìnghuà	A/N	personalized; personalization	L6
各自		gèzì	Adv	each; respectively	L8
根据	根據	gēnjù	Prep	according to; based on	L1
更新		gēngxīn	V	to renew; to update; to upgrade	L7
工具		gōngjù	N	tool	L1
功能		gōngnéng	N	function	L3
沟通	溝通	gōutōng	N/V	communication; to connect	L1
构思	構思	gòusī	V	to conceive; to conceptualize	L8
古代		gǔdài	N	ancient times	L9
谷歌		Gǔgē	PN	Google	L2
谷歌翻译	谷歌翻譯	Gǔgē Fānyì	PN	Google Translate	L5
关键	關鍵	guānjiàn	A/N	crucial; crucial point	L5
观众	觀眾	guānzhòng	N	audience	L9
广泛	廣泛	guǎngfàn	A/Adv	widespread, extensive; widely	L2
广告	廣告	guǎnggào	N	advertisement	L9
规则	規則	guīzé	N	rule; regulation	L5
国际	國際	guójì	A	international	L6

H

行家		hángjiā	N	expert	L8
行业	行業	hángyè	N	industry; sector	L6
合理		hélǐ	A	reasonable	L10
和平精英		Hépíng Jīngyīng	PN	*Game for Peace* (popular mobile battle royale game developed by Tencent Games)	L10
合作		hézuò	N/V	cooperation; to cooperate	L10
互动	互動	hùdòng	N/V	interaction; to interact	L4
互联网	互聯網	hùliánwǎng	N	internet	L5
护照	護照	hùzhào	N	passport	L3
划算		huásuàn	A	worth it; a good deal	L9
华为	華為	Huáwéi	PN	Huawei (Chinese electronics company)	L3
画面	畫面	huàmiàn	N	picture; image	L9
话题	話題	huàtí	N	(conversation) topic	L10
回答	回答	huídá	N/V	answer; to answer	L2
活力		huólì	N	vitality; energy	L4
活泼	活潑	huópō	A	lively; active	L9
火		huǒ	A/N	hot; popular; fire	L9
伙伴		huǒbàn	N	partner	L8
获得	獲得	huòdé	V	to acquire; to obtain	L10

J

基本		jīběn	A	basic	L2
机构	機構	jīgòu	N	institution; organization	L2
机器	機器	jīqì	N	machine	L8
机器翻译	機器翻譯	jīqì fānyì	NP	machine translation	L5
基于	基於	jīyú	Prep	on the basis of	L5
集		jí	V	to gather; to integrate	L4
极大的		jí dà de	AP	maximum; enormous	L6
集聚		jíjù	V	to gather; to assemble	L4
技术	技術	jìshù	N	technology; technique	L5
继续	繼續	jìxù	V	to continue; to proceed with	L6
加号	加號	jiāhào	N	plus sign	L4
家庭		jiātíng	N	family; household	L3
价值观	價值觀	jiàzhí guān	N	values	L9
简称	簡稱	jiǎnchēng	N/V	abbreviation; to abbreviate	L6
简体	簡體	jiǎntǐ	N	simplified Chinese characters	L1
建		jiàn	V	to build; to set up	L4
见长	見長	jiàncháng	V	to be good at; to be known for	L9
键盘	鍵盤	jiànpán	N	keyboard	L1

交流		jiāoliú	N/V	exchange (of ideas); to exchange (ideas)	L2
交易		jiāoyì	N	(business) transaction; business deal	L6
角		jiǎo	N	corner	L1
角落		jiǎoluò	N	corner	L3
接触	接觸	jiēchù	V	to access; to get in touch with	L4
接近		jiējìn	V	to approach; to get close to	L7
接下来		jiē xià lái	AdvP	next; following	L8
结构	結構	jiégòu	N	structure; composition	L1
杰作		jiézuò	N	masterpiece	L8
解释	解釋	jiěshì	N/V	explanation; to explain	L2
金山词霸	金山詞霸	Jīnshān Cíbà	PN	Kingsoft PowerWord (Chinese online dictionary and translation service developed by Kingsoft)	L7
尽量	盡量	jǐnliàng	Adv	to the best of one's ability	L2
进步	進步	jìnbù	V	to improve; to progress	L9
晋江文学城	晉江文學城	Jìnjiāng Wénxué Chéng	PN	Jinjiang Literature City (Chinese online literature platform)	L7

进入	進入	jìnrù	V	to enter	L3
进行	進行	jìnxíng	V	to proceed; to carry out; to conduct	L4
进一步	進一步	jìnyíbù	Adv	further	L7
经典	經典	jīngdiǎn	A/N	classic; classics	L10
京东	京東	Jīngdōng	PN	JD.com (Chinese online shopping platform operated by JD.com, Inc.)	L6
经过	經過	jīngguò	Prep/V	through; to go through	L10
竞技	競技	jìngjì	N	competition; athletic contest	L10
剧情	劇情	jùqíng	N	plot; storyline	L9
具体	具體	jùtǐ	A	specific; concrete	L5
据我所知	據我所知	jù wǒ suǒ zhī	IE	according to my knowledge	L2
崛起		juéqǐ	N/V	emergence; to emerge	L9
角色		juésè	N	role; character	L10

K

开发	開發	kāifā	V	to develop	L3
开户	開戶	kāi hù	VO	to open an account	L3
开头	開頭	kāitóu	N	beginning	L2
凯伦	凱倫	Kǎilún	PN	(personal name)	L1
考虑	考慮	kǎolǜ	N/V	consideration; to consider	L5
科幻		kēhuàn	N	science fiction	L7

科技		kējì	N	science and technology	L3
科学家	科學家	kēxuéjiā	N	scientist	L5
可读性	可讀性	kědúxìng	N	readability	L5
客服		kèfú	N	customer service	L6
课堂报告	課堂報告	kètáng bàogào	NP	class presentation	L5
夸奖	誇獎	kuājiǎng	V	to praise	L9
快手		Kuàishǒu	PN	Kuaishou (Chinese short-video and live-streaming platform launched by Kuaishou Technology)	L4
快速		kuàisù	A	fast; rapid	L3
扩大	擴大	kuòdà	V	to enlarge; to expand	L7
L					
类型	類型	lèixíng	N	type; form	L5
理解		lǐjiě	N/V	understanding; to understand	L7
李老师	李老師	Lǐ lǎoshī	PN	Teacher Li	L5
礼貌	禮貌	lǐmào	A	polite; courteous	L2
利用		lìyòng	V	to utilize; to make use of	L5
连接	連接	liánjiē	V	to connect	L10
联系	聯繫	liánxì	N/V	contact; to contact	L2
连线	連線	liánxiàn	V	to be online; to connect	L10

联想	聯想	Liánxiǎng	PN	Lenovo (Chinese computer technology company)	L1
连载	連載	liánzǎi	V	to serialize	L7
了解	瞭解	liáojiě	N/V	understanding; to understand	L1
良好		liánghǎo	A	good; fine	L10
灵活多样	靈活多樣	línghuó duōyàng	AP	flexible and diverse	L3
领先	領先	lǐngxiān	V	to lead	L10
流利		liúlì	A	fluent	L9
流量		liúliàng	N	mobile data	L3

M

满足		mǎnzú	V	to satisfy	L5
美妆秘诀	美妝秘訣	měi zhuāng mìjué	NP	beauty tips; makeup tips	L4
梦幻西游	夢幻西游	Mènghuàn Xīyóu	PN	*Fantasy Westward Journey* (massively multiplayer online role-playing game [MMORPG] developed by NetEase)	L10
面对	面對	miànduì	V	to face; to confront	L9
面子		miànzi	N	face; reputation	L2
描述		miáoshù	V	to describe	L8
明星		míngxīng	N	star; celebrity	L4
模仿		mófǎng	N/V	imitation; to imitate	L5
模型		móxíng	N	model	L8

N					
耐心		nàixīn	A/N	patient; patience	L8
内容		nèiróng	N	content	L4
年代		niándài	N	decade	L3
女性		nǚxìng	N	female; woman	L4
O					
哦		ò	Int	Oh (indicating understanding, acknowledgement, or surprise)	L2
P					
庞大	龐大	pángdà	A	huge; enormous; massive	L7
拼多多		Pīnduōduō	PN	Pinduoduo (Chinese online shopping platform operated by Pinduoduo, Inc.)	L6
品牌		pǐnpái	N	brand; trademark	L3
平板		píngbǎn	N	tablet computer	L1
苹果公司	蘋果公司	Píngguǒ Gōngsī	PN	Apple Inc.	L3
评价	評價	píngjià	N/V	evaluation; to evaluate	L6
评论	評論	pínglùn	N/V	comment; to comment	L7
屏幕		píngmù	N	screen	L1
平台		píngtái	N	platform	L4
普及		pǔjí	N/V	widespread adoption; to popularize	L9

Q

其		qí	Pr	his; her; its; their	L8
起步		qǐbù	V	to start	L9
起点中文网	起點中文網	Qǐdiǎn Zhōngwén Wǎng	PN	Qidian Chinese Net (Chinese online literature platform)	L7
企业	企業	qǐyè	N	enterprise; corporation	L6
强大		qiángdà	A	strong; powerful	L3
青少年		qīngshàonián	N	youth; teenager	L10
倾听	傾聽	qīngtīng	V	to listen attentively	L8
情况	情況	qíngkuàng	N	situation	L2
切换		qiēhuàn	V	to switch	L1
渠道		qúdào	N	channel; means	L9
确保	確保	quèbǎo	V	to ensure; to guarantee	L9
群		qún	N	group; crowd	L4
群规	群規	qún guī	NP	group rules; group regulations	L4
群体	群體	qúntǐ	N	community; group	L7
群主		qún zhǔ	NP	group owner; group admin	L4

R

然而		rán'ér	Conj	however; nevertheless	L9
人工智能		réngōng zhìnéng	NP	artificial intelligence	L8
人脑	人腦	rén nǎo	NP	human brain	L5

人性化		rénxìnghuà	A/V	humanized; to humanize	L8
任务	任務	rènwù	N	task; assignment	L8
任务栏	任務欄	rènwù lán	N	taskbar	L1
仍然		réngrán	Adv	still; as usual; as before	L1
日常		rìcháng	A	everyday; daily	L1
日常用语	日常用語	rìcháng yòngyǔ	NP	daily language; everyday speech	L9
如何		rúhé	QPr	how; what	L9
S					
思想		sīxiǎng	N	thought; ideology	L9
三星		Sānxīng	PN	Samsung (South Korean electronics company)	L3
商品		shāngpǐn	N	commodity; goods; merchandise	L6
商业	商業	shāngyè	N	business; trade; commerce	L6
上下文		shàngxiàwén	N	context	L5
上瘾	上癮	shàngyǐn	V	to become addicted	L10
设备	設備	shèbèi	N	device; equipment	L1
社交		shèjiāo	A/N	social; social contact	L3
社交媒体	社交媒體	shèjiāo méitǐ	NP	social media	L4
社区	社區	shèqū	N	community	L4
设置	設置	shèzhì	N/V	settings; to set up; to install	L1
神经	神經	shénjīng	N	nerve	L5

甚至		shènzhì	Adv	even; to the extent that	L10
生产	生產	shēngchǎn	N/V	production; to produce	L3
生成	生成	shēngchéng	V	to generate; to produce	L8
盛趣游戏	盛趣遊戲	Shèngqù Yóuxì	PN	Shengqu Games (Chinese video game developer and publisher, formerly known as Shanda Games)	L10
盛行		shèngxíng	V	to be in vogue; to be prevalent	L9
时代	時代	shídài	N	age; era; epoch	L1
时空	時空	shíkōng	N	time and place	L6
实现	實現	shíxiàn	V	to achieve; to implement; to realize	L6
始于	始於	shǐ yú	VP	to start from; to date from	L3
使用		shǐyòng	V	to use; to utilize	L1
市场	市場	shìchǎng	N	market	L3
市场竞争	市場競爭	shìchǎng jìngzhēng	NP	market competition	L6
适合	適合	shìhé	A/V	suitable; to fit; to be appropriate for	L1
世纪	世紀	shìjì	N	century	L1
视频	視頻	shìpín	N	video	L3
事务	事務	shìwù	N	matters; affairs	L2

收货	收貨	shōu huò	VO	to receive (goods)	L6
受到		shòu dào	VC	to receive	L2
书籍	書籍	shūjí	N	books	L6
输入法	輸入法	shūrùfǎ	N	input method	L1
熟悉		shúxī	V	to be familiar with	L8
熟知		shúzhī	V	to know well; to be familiar with	L9
数据	數據	shùjù	N	data	L5
数字化	數字化	shùzìhuà	A/V	digital; to digitize	L1
数亿	數億	shù yì	NP	several hundred million	L2
水彩画	水彩畫	shuǐcǎihuà	N	watercolor painting	L8
顺利	順利	shùnlì	A	smooth	L2
搜狗翻译	搜狗翻譯	Sōugǒu Fānyì	PN	Sogou Translate (Chinese online translation platform launched by Sogou, Inc.)	L5
搜狐		Sōuhú	PN	Sohu (Chinese internet technology company)	L2
随时随地	隨時隨地	suíshí suídì	AdvP	anytime and anywhere	L6
随着	隨著	suízhe	Prep	along with; as a result of	L1
T					
台词	臺詞	táicí	N	actor's lines	L9
淘宝	淘寶	Táobǎo	PN	Taobao (Chinese online shopping platform operated by Alibaba Group)	L6

套餐		tàocān	N	mobile package; cellphone plan	L3
腾讯游戏	騰訊遊戲	Téngxùn Yóuxì	PN	Tencent Games (video game development and publishing division of Tencent)	L10
腾讯视频	騰訊視頻	Téngxùn Shìpín	PN	Tencent Video (Chinese online video streaming platform operated by Tencent)	L9
特点	特點	tèdiǎn	N	feature; characteristic	L3
特色		tèsè	N	characteristic; distinctive feature	L7
题材		tícái	N	subject matter	L7
提供		tígōng	V	to provide	L2
提醒		tíxǐng	V	to remind	L2
体育	體育	tǐyù	N	sports; physical education	L10
添加		tiānjiā	V	to add	L1
天堂		tiāntáng	N	paradise; heaven	L4
填写	填寫	tiánxiě	V	to fill in	L6
通过	通過	tōngguò	Prep	by means of; through; via	L6
通话	通話	tōnghuà	V	to call; to communicate by telephone	L3
通俗易懂		tōngsú yìdǒng	AP	common and easy to understand	L7

通讯	通訊	tōngxùn	N	communication	L3
通讯录	通訊錄	tōngxùn lù	NP	address book	L4
统计	統計	tǒngjì	N/V	statistics; to count	L5
投资	投資	tóuzī	N/V	investment; to invest	L9
图标	圖標	túbiāo	N	icon	L1
图片	圖片	túpiàn	N	picture; image	L5
土豆		Tǔdòu	PN	Tudou (Chinese online video service; merged with Youku in 2012 to form Youku Tudou)	L9
团队	團隊	tuánduì	N	team	L10
推出		tuīchū	V	to release; to launch	L10
推动	推動	tuīdòng	V	to push forward; to promote	L7
推荐	推薦	tuījiàn	V	to recommend	L7

W

玩家		wánjiā	N	player (of video games)	L10
完美世界		Wánměi Shìjiè	PN	Perfect World (Chinese video game company known for creating popular online games, including *Perfect World*)	L10
王钢	王鋼	Wáng Gāng	PN	(personal name)	L1

Vocabulary Index

王者荣耀	王者榮耀	Wángzhě Róngyào	PN	*Honor of Kings* (popular multiplayer online game developed by Tencent Games)	L10
网红	網紅	wǎnghóng	N	influencer	L4
网剧	網劇	wǎng jù	NP	web drama; online drama	L9
网络	網絡	wǎngluò	N	network; internet	L5
网络文学	網絡文學	wǎngluò wénxué	NP	internet literature; online literature	L7
网易	網易	Wǎngyì	PN	NetEase (Chinese internet technology company)	L2
网易游戏	網易遊戲	Wǎngyì Yóuxì	PN	NetEase Games (online game division of NetEase)	L10
网站	網站	wǎngzhàn	N	website	L7
微博	微博	Wēibó	PN	Weibo (Chinese microblogging website developed by Sina)	L4
微软	微軟	Wēiruǎn	PN	Microsoft	L2
微软翻译	微軟翻譯	Wēiruǎn Fānyì	PN	Microsoft Translator	L5
微信		Wēixìn	PN	WeChat (Chinese instant messaging, social media, and mobile payment app developed by Tencent)	L4

微信支付		Wēixìn Zhīfù	PN	WeChat Pay (Chinese digital wallet service provided by Tencent)	L6
文本		wénběn	N	text	L5
文心一言		Wénxīn Yìyán	PN	Ernie Bot (AI chatbot developed by Baidu)	L8
稳定	穩定	wěndìng	A	stable	L3
问候	問候	wènhòu	N/V	greeting; to greet	L2
五笔	五筆	wǔ bǐ	NP	five strokes	L1
武打		wǔdǎ	N	martial arts action; acrobatic fighting	L9
舞台	舞臺	wǔtái	N	stage	L7
武侠	武俠	wǔxiá	A/N	martial arts (genre); person adept in martial arts and committed to chivalrous conduct	L7
误解	誤解	wùjiě	N/V	misunderstanding; to misunderstand	L2
物流		wùliú	N	logistics	L6
X					
吸引		xīyǐn	V	to attract	L9
喜好	喜好	xǐhào	N/V	one's tastes; preference; to like; to prefer	L6
系统	系統	xìtǒng	N	system	L1
下单	下單	xià dān	VO	to place an order; to order	L6

下载	下載	xiàzǎi	V	to download	L1
显示	顯示	xiǎnshì	V	to display; to show	L1
现代	現代	xiàndài	A/N	modern; modern times	L1
限制		xiànzhì	N/V	limit; to limit	L2
现状	現狀	xiànzhuàng	N	current situation	L2
相关	相關	xiāngguān	A	related; relevant	L6
相同		xiāngtóng	A	same; identical	L5
想象		xiǎngxiàng	N/V	imagination; to imagine	L4
消费	消費	xiāofèi	V	to consume; to spend	L6
消费者	消費者	xiāofèizhě	N	consumer	L6
潇湘书院	瀟湘書院	Xiāoxiāng Shūyuàn	PN	Xiaoxiang Academy (Chinese online literature platform)	L7
小红书	小紅書	Xiǎohóngshū	PN	Xiaohongshu (Chinese social media and e-commerce platform operated by Xingyin Information Technology	L4
小米		Xiǎomǐ	PN	Xiaomi (Chinese electronics company)	L3
小说	小說	xiǎoshuō	N	novel	L7
效率		xiàolǜ	N	efficiency	L3

Vocabulary Index 153

		xīndé	N	insight	L4
心得		xīndé	N	insight	L4
新浪		Xīnlàng	PN	Sina (Chinese internet technology company)	L2
心理健康		xīnlǐ jiànkāng	NP	mental health	L8
心声	心聲	xīnshēng	N	inner voice; heartfelt words	L8
新闻	新聞	xīnwén	N	news; journalism	L3
信号	信號	xìnhào	N	signal	L3
信息		xìnxī	N	information	L8
信誉	信譽	xìnyù	N	prestige; reputation	L6
形式		xíngshì	N	form; structure	L4
行为	行為	xíngwéi	N	behavior	L10
休闲	休閒	xiūxián	N	leisure; recreation	L8
虚拟	虛擬	xūnǐ	A	virtual	L10
需求		xūqiú	N	needs; demand	L5
玄幻		xuánhuàn	N	fantasy	L7
选项	選項	xuǎnxiàng	N	option	L1
选择	選擇	xuǎnzé	N/V	selection; choice; to select; to choose	L1
学生证	學生證	xuésheng zhèng	N	student ID	L3
学术	學術	xuéshù	N	academic learning	L8

Y

雅虎		Yǎhǔ	PN	Yahoo	L2
亚马逊	亞馬遜	Yàmǎxùn	PN	Amazon.com, Inc	L6
研发	研發	yánfā	V	to research and develop	L5

言情		yánqíng	N	romance	L7
验证	驗證	yànzhèng	V	to verify	L2
养成	養成	yǎngchéng	V	to cultivate	L10
邀请	邀請	yāoqǐng	V	to invite	L4
一定		yídìng	A	certain	L1
移动	移動	yídòng	A/V	mobile; to move	L1
移动端	移動端	yídòng duān	NP	mobile terminal; mobile end	L10
一切		yíqiè	Pr	everything	L2
以便		yǐbiàn	Conj	so that; in order to	L5
以上		yǐshàng	Adv	above	L2
意识	意識	yìshi	N/V	consciousness; to be aware of	L10
一体	一體	yìtǐ	N	an integral whole	L4
译文	譯文	yìwén	N	translated text; translation	L5
一席之地		yì xí zhī dì	IE	a place; a niche	L9
引导	引導	yǐndǎo	N/V	guidance; to guide; to lead	L10
影响	影響	yǐngxiǎng	N/V	influence; to influence	L7
营业厅	營業廳	yíngyè tīng	N	service hall; business hall	L3
应用	應用	yìngyòng	N/V	app; application; to use; to apply	L3
拥有	擁有	yōngyǒu	V	to possess; to own	L3
用户		yònghù	N	user; subscriber; customer	L1

用途		yòngtú	N	use; application	L8
用语	用語	yòngyǔ	N	terminology; expression	L2
优惠价	優惠價	yōuhuì jià	NP	preferential price; discount price	L3
优酷	優酷	Yōukù	PN	Youku (Chinese online video hosting service, also known as Youku Tudou)	L9
优秀	優秀	yōuxiù	A	outstanding; excellent	L5
优质	優質	yōuzhì	A	of excellent quality	L2
由		yóu	Prep	by; through	L9
尤其		yóuqí	Adv	especially; particularly	L9
邮箱	郵箱	yóuxiāng	N	mailbox	L2
有道词典	有道辭典	Yǒudào Cídiǎn	PN	Youdao Dictionary (Chinese online dictionary and translation service developed by NetEase)	L7
有道翻译	有道翻譯	Yǒudào Fānyì	PN	Youdao Translate (Chinese online translation platform developed by NetEase)	L5
有关	有關	yǒuguān	A	related to; concerning	L2
右上角		yòu shàng jiǎo	NP	upper right comer	L4

Vocabulary Index 157

于	於	yú	Prep	in; at	L4
娱乐	娛樂	yúlè	N	entertainment	L3
语音	語音	yǔyīn	N	voice	L1
预订	預訂	yùdìng	N/V	reservation; booking; to reserve; to book	L6
预见	預見	yùjiàn	V	to foresee; to predict	L8
原理		yuánlǐ	N	principle; theory	L5
愿景	願景	yuànjǐng	N	vision; aspiration	L8
阅读	閱讀	yuèdú	N/V	reading; to read	L7
运营商	運營商	yùnyíng shāng	NP	service provider; operator	L3

Z

在线	在線	zàixiàn	A	online	L10
在于	在於	zài yú	VP	to lie in; to depend on	L10
则	則	zé	Adv	in contrast	L3
增加		zēngjiā	V	to increase; to add	L3
展示		zhǎnshì	V	to display; to show	L7
占据	佔據	zhànjù	V	to occupy	L9
账户	賬戶	zhànghù	N	account	L2
真实	真實	zhēnshí	A	real; true	L2
整个	整個	zhěnggè	A	entire; whole	L5
政府		zhèngfǔ	N	government	L2
正是		zhèng shì	VP	precisely is; exactly is	L8

支持		zhīchí	N/V	support; to support	L5
支付		zhīfù	N/V	payment; to pay	L4
支付宝	支付寶	Zhīfùbǎo	PN	Alipay (Chinese digital wallet service provided by Ant Group)	L6
知乎		Zhīhū	PN	Zhihu (Chinese question-and-answer platform like Quora)	L4
知名		zhīmíng	A	well-known; famous	L3
之一		zhī yī	NP	one of	L10
值得		zhídé	V	to deserve; to be worth	L5
直接		zhíjiē	A/Adv	direct; directly	L2
智能化		zhìnénghuà	A/V	made intelligent; to make intelligent	L8
智能手机	智能手機	zhìnéng shǒujī	NP	smartphone	L3
致以		zhìyǐ	V	to extend; to offer	L2
制作		zhìzuò	V	to make; to produce	L8
中国电信	中國電信	Zhōngguó Diànxìn	PN	China Telecom (Chinese telecommunications company)	L3
中国联通	中國聯通	Zhōngguó Liántōng	PN	China Unicom (Chinese telecommunications company)	L3

中国移动	中國移動	Zhōngguó Yídòng	PN	China Mobile (Chinese telecommunications company)	L3
种类	種類	zhǒnglèi	N	type; kind; category	L6
种类繁多	種類繁多	zhǒnglèi fánduō	NP	diverse range; wide variety	L6
重要		zhòngyào	A	important	L1
诛仙	誅仙	Zhūxiān	PN	*Jade Dynasty* (3D MMORPG developed by Perfect World)	L10
逐渐	逐漸	zhújiàn	Adv	gradually	L6
主打		zhǔdǎ	V	to feature; to specialize in	L9
主导	主導	zhǔdǎo	V	to lead; to dominate	L9
主流		zhǔliú	A/N	mainstream; the mainstream	L4
主要		zhǔyào	A	main	L1
注册	註冊	zhùcè	V	to register	L2
著称	著稱	zhùchēng	A	well-known; famous	L3
注入		zhùrù	V	to pour into	L7
注意		zhùyì	N/V	attention; to pay attention to	L5
专家	專家	zhuānjiā	N	expert	L4
专业	專業	zhuānyè	A/N	professional; specialty; major	L6
转换	轉換	zhuǎnhuàn	V	to change; to transform	L5

撰写	撰寫	zhuànxiě	V	to write; to compose	L8
追捧	追捧	zhuīpěng	V	to chase after; to adore	L9
准确	準確	zhǔnquè	A	accurate; precise	L8
准确性	準確性	zhǔnquèxìng	N	accuracy; correctness	L5
资料	資料	zīliào	N	material; data; information	L8
字体	字體	zìtǐ	N	font	L1
自我		zìwǒ	Pr	self; selfhood	L9
综艺节目	綜藝節目	zōngyì jiémù	NP	variety show	L9
总之	總之	zǒngzhī	Adv	in short; in summary	L7
纵横中文网	縱橫中文網	Zònghéng Zhōngwén Wǎng	PN	Zongheng Chinese Net (Chinese online literature platform)	L7
组成	組成	zǔchéng	V	to form; to constitute	L7
最初		zuìchū	A/Adv	initial; initially; at first	L6
遵守		zūnshǒu	V	to abide by; to comply with	L4
尊重		zūnzhòng	V	to respect	L4
左右		zuǒyòu	Adv	about; more or less	L9
作品		zuòpǐn	N	(literary and artistic) work	L7
作者		zuòzhě	N	author	L7

For Product Safety Concerns and Information please contact our EU representative GPSR@taylorandfrancis.com Taylor & Francis Verlag GmbH, Kaufingerstraße 24, 80331 München, Germany